W0349909

Nicole Nadaud

Marco,

la guerre au coeur

Editions Sénevé

A mes enfants,
David, Débora, Joy, Priscillia et Timothée,
avec tout mon amour.
N.N.

Chapitre I

L'excursion en Suisse

Le soleil était déjà haut dans le ciel, et il commençait à cogner sur la troupe d'adolescents, qui, sacs à dos bien remplis, shorts multicolores et casquettes vissées sur la tête, cheminaient en ordre dispersé sur la route du village.
Damien, toujours à la traîne, bon dernier malgré ses longues jambes, héla le moniteur:
– Alain, oh, Alain… il est encore loin ce lac?… J'ai mal aux pieds!...
Et, tapant sur l'épaule du garçon marchant devant lui il ajouta:
– Marco, passe-moi la gourde s'il te plaît, qu'est-ce qu'il fait chaud alors!
Marco lui jeta un coup d'oeil et fit une grimace explicite:
– Elle est vide, la gourde, tu devrais le savoir, c'est toi qui a tout bu à notre dernière halte!...
Autant Damien était grand, blond, le teint pâle, couvert de taches de rousseur, et de coups de soleil, qui n'en finissaient pas de peler, autant Marco était petit mais râblé, le teint mat, avec une crinière noire, bouclée et de grands yeux verts, souvent un peu tristes.
Alain, le moniteur s'était retourné:
– Allez les gars, vous ne pouvez pas flancher maintenant, après le village, il nous restera à peine deux kilomètre!
– Ils auront bien mérité leur casse-croûte, pensa-t-il, depuis cinq heures qu'on marche… Bah, cela leur fait du bien!
Prof de gym, Alain était un habitué de l'effort physique, et depuis le début de la colo, il n'avait pas beaucoup ménagé son petit groupe…
C'est lui qui avait eu l'idée de cette excursion:
– Avant que la colo ne se termine, je vous propose une dernière virée, ici, avait-il ajouté, en montrant sur sa carte géographique de la région,

une petite tache bleue, juste de l'autre côté de la frontière suisse; la légende mentionnait: «Lac des Taillères».
C'est un joli coin, vous verrez, je vous propose d'y passer deux nuits, et de revenir ici, ensuite, pour passer une dernière veillée, avec les autres groupes».

Malgré les efforts qu'il avait exigés d'eux depuis 15 jours, les garçons n'auraient voulu pour rien au monde, changer de moniteur... En fait, ils ne s'étaient pas ennuyés une seule minute. Alain, avec son entrain et un juste équilibre d'amitié et d'autorité, avait su se faire adopter très rapidement.

C'est donc avec bonne humeur qu'ils avaient tous pris la route ce matin là, quittant très tôt la petite ville de Morteau dans le Doubs où était basée la colonie. A travers bois et prairies, ils s'étaient dirigés vers la frontière qu'ils avaient atteint une demi-heure plus tôt. Elle était matérialisée par de grosses bornes rouges et blanches, disposées de loin en loin, sur un sentier forestier.

Après avoir fait quelques photos pour l'occasion et bu quelques rasades d'eau fraîche bien méritées, ils avaient repris leur route, l'enthousiasme réveillé par le but désormais plus proche. Tout le monde avait dévalé la colline pour rejoindre en contrebas la route serpentant au milieu des prés.

Enfin, le lac était en vue... Petit miroir bleu, blotti à l'abri d'une colline boisée, qui se terminait par une large bande de pâturage, descendant doucement jusqu'au bord de l'eau. Tout le reste de la vallée, n'était que prairies d'herbe drue, avec de-ci de-là, quelques fermes aux toits abrupts, typiques de la région.

Les garçons s'étaient arrêtés un instant, saisis par la tranquille beauté du paysage.

– Où allons-nous planter les tentes? demanda, Alex, qui pour une fois avait enlevé les écouteurs de son baladeur.

– Eh, j'aimerais bien manger d'abord avant de planter les tentes; vous avez vu l'heure?

Tous éclatèrent de rire: Tony avait une solide réputation de glouton; d'ailleurs ses poches regorgeaient toujours de provisions, «au cas où..».

– O.K., Tony, pour une fois je suis d'accord, approuva Alain. On va manger d'abord. La camionnette de la colo ne devrait pas tarder à nous rejoindre avec les tentes et les provisions. En attendant, je propose qu'on commence à préparer le feu pour faire griller les saucisses. Pour les tentes, il faudra d'abord aller se renseigner pour obtenir l'autorisation du propriétaire.
Il ne leur fallut pas plus de dix minutes pour contourner l'extrémité du lac et trouver sur la berge un emplacement adéquat. Il y avait là un foyer de pierres plates que de précédents amateurs de grillades avaient déjà construit: il ne leur restait donc plus qu'à ramasser du bois mort sur la colline, ce qui fut vite fait.
Ils étaient en train de décharger la camionnette, arrivée fidèle au rendez-vous, quand tout à coup, Marco balança un coup de coude à Damien:
– Eh, vise un peu le cheval!
Damien, bousculé, laissa échapper le carton de boîtes de conserves qu'il portait et s'en prit une sur le pied.
– Aïe! Fais gaffe quoi! Hein? Quel cheval?
Levant les yeux dans la direction qu'indiquait Marco, il vit arriver à bonne allure un beau cheval gris pommelé. Il était monté sans selle par un garçon de leur âge. Arrivé à leur hauteur, il tira doucement sur les rênes et l'animal, docile, s'arrêta. Saluant tout le monde d'un signe de tête, l'adolescent demanda:
– Excusez-moi, mon père voudrait savoir si vous avez l'intention de camper…
– Ce pâturage lui appartient? Ca tombe bien dit Alain, je voulais justement aller me renseigner pour avoir l'autorisation de poser les tentes. Nous ne resterons que deux nuits et nous laisserons tout très propre, tu peux nous faire confiance!
– Je vous crois, mais mon père ne veut aucune tente ici; par contre, si vous voulez, vous pouvez venir vous installer derrière notre ferme, on a fauché l'herbe il y a quelques jours, et vous ne serez quand même pas si loin du lac, ajouta-t-il en désignant une maison située à six cents mètres à peine.

– Bon et bien je crois qu'on n'a pas le choix... Merci pour l'invitation, et dis à ton père qu'on viendra s'installer dans l'après-midi.
– Il est à toi? demanda Marco en caressant les naseaux du cheval... Qu'est-ce qu'il est beau... Comment s'appelle-t-il?
– Elle s'appelle Perle, elle appartient à mon père, mais je la monte souvent.
Perle secoua la tête, agacée par les mouches, puis se mit à renifler avec insistance les poches de Marco.
Son jeune cavalier se mit à rire:
– Elle est très gourmande, à mon avis tu as quelque chose dans tes poches qui l'intéresse! Je m'appelle Philippe et toi?
– Marco.
Fouillant ses poches, Marco y trouva en effet quelques morceaux de biscuit oubliés; il les présenta à la jument qui s'en saisit délicatement de ses grosses lèvres, tout en secouant la tête de bas en haut, comme pour le remercier.
– Bon, et bien à tout à l'heure alors, et bon appétit!
Un léger coup de talon dans les flancs, et Perle repartit au petit galop.
– Mince alors, j'aimerais bien qu'il me la laisse monter...
– Sans selle? demanda Damien l'air un peu moqueur, tu n'irais sûrement pas très loin...
– Non, bien sûr que non, pas sans selle. Il a l'air sympa, tu ne trouves pas? Je crois qu'on ne va pas s'ennuyer. L'an dernier en Camargue j'avais fait du cheval avec mon père pendant les vacances; c'était génial!
– Venez manger les garçons, appela Alain, les saucisses sont à point!

Après le repas et un bon plongeon dans l'eau fraîche du lac, tout le monde prit la direction de la ferme. Ils y furent accueillis par les aboiements vigoureux d'un berger allemand.
– Va coucher Silver, ordonna de l'intérieur une voix d'homme.
Au même moment, la tête de Philippe apparut à une des fenêtres de l'étage:
– Ce sont les campeurs dont je t'ai parlé Papi, cria-t-il, attendez, je descends!

Un homme d'un certain âge sortit de la remise. Il fit tout d'abord rentrer le chien qui ne voulait rien entendre, avant de s'avancer vers le petit groupe.
– Il n'est pas méchant vous savez, mais c'est son travail de garder la maison…
Il avait un accent très prononcé, un peu traînant.
– Alors? Vous venez de loin comme ça?
– De la région lyonnaise, mais notre colonie est basée à Morteau.
Damien se pencha vers Marco:
– Le costume en plus, et il ferait un parfait Père Noël…
Marco sourit; c'est vrai qu'avec ses yeux bleus très clairs, sa barbe et ses cheveux blancs en broussaille, ce papi avait un air chaleureux.
– Allez, suivez moi, je vais vous montrer où vous pouvez vous installer, intervint Philippe qui les avait rejoints.
A sa suite, la petite troupe se dirigea vers la prairie située derrière la ferme.
– Vous pouvez vous installer là, on vient juste d'y faire les regains… Vous comprenez, Papa ne veut pas laisser des tentes s'installer de l'autre côté du lac, parce qu'ensuite les vaches ne mangent plus l'herbe qui a été piétinée.
Aussitôt, on sortit les toiles et les piquets… en une demi-heure, le camp était installé. Laissant les autres entamer une partie de foot, Philippe et Marco se dirigèrent vers l'enclos de Perle, de l'autre côté de la ferme.
– Tu montes souvent sans selle?
– Non, pas quand je m'entraîne au saut… sinon oui, c'est plus vite fait…
Au milieu de l'enclos, étaient entassées des perches peintes de couleurs vives, destinées à bâtir des obstacles de saut.
– Tu fais aussi des concours?
– Non, pas cette année, je ne suis pas encore prêt, mais Papa m'a promis, si je continue de progresser, de m'inscrire l'année prochaine.
Tout à coup, Marco vit arriver à toutes jambes une fillette d'environ cinq ans qui avait l'air surexcitée.

– Philippe, Philippe, tu sais où est Papa? C'est Jonquille, il m'avait dit de la surveiller, eh bien elle a perdu l'eau et on voit les pattes qui sortent!...
Devant l'air interloqué de Marco qui n'avait rien compris à toute cette tirade, Philippe éclata de rire.
– C'est Alicia, ma petite sœur, et Jonquille, une des vaches de mon père; elle va mettre bas. Elle va avoir un bébé, si tu préfères...
Alicia s'impatientait, remettant en place d'un geste énervé les mèches de cheveux blonds échappées de ses couettes. Elle insista:
– Philippe! Tu viens!
– Allons-y, mon père doit être dans la grange, il faut le prévenir.

Didier Wieler, le père de Philippe, eût l'air très satisfait par la nouvelle. «Enfin, elle se décide, bon, j'arrive...» Et à l'adresse de Marco, il ajouta:
– Si cela vous intéresse, vous pouvez venir voir, toi et tes amis...
Marco approuva de la tête.
«Comme ils se ressemblent pensa-t-il, en les regardant; les mêmes yeux bruns au regard franc, les mêmes cheveux châtains, et le même nez retroussé».

Cinq minutes plus tard, ils étaient tous à l'écurie à faire cercle autour de Jonquille, une jolie vache rousse aux yeux doux.
– Regarde, ellc pleure!...
– C'est à cause de l'effort, expliqua Didier Wieler, tout en éparpillant de la paille à l'arrière de la vache pour amortir l'arrivée du petit veau.
– Philippe, va vite me chercher les cordelettes et avertit Papi; qu'il vienne pour m'aider à le tirer.
Deux minutes plus tard Philippe revint et s'empressa de donner à son père les cordelettes fines et solides qu'il lui avait demandé.
– Papi arrive.
D'un geste précis, Didier fixa les cordelettes par un nœud coulant aux petits sabots qu'on voyait apparaître puis disparaître, au rythme de la respiration haletante de Jonquille.

– Qu'est-ce qu'il fait Papi... Bon, tant pis... Philippe! Viens prendre l'autre cordelette, tu vas tirer en même temps que moi, sans à-coups... Allez maintenant... Allez Jonquille, à toi de jouer ma belle!...
Sous les yeux ébahis du groupe apparut un museau rose, puis la tête toute entière... Jonquille meugla, et dans un dernier effort conjugué avec celui de ses «aides», le reste du corps jaillit: Le petit veau était né. Il était brun foncé, avec une jolie étoile blanche en plein front.
– Eh bien voilà un joli petit mâle, approuva le Papi qui était arrivé entre-temps; bouchonne-le bien avec la paille Philippe, et toi petite, dit-il à Alicia, va vite demander du sel à Maman...
La petite partit en courant.
– Pourquoi faire du sel? demanda Alain qui avait suivi toute la scène avec le plus grand intérêt.
– C'est pour purger le veau; il tousse et puis après il respire mieux. On en donne aussi à la mère, mais là, c'est une gourmandise pour la récompenser...
Philippe et son père portèrent le petit veau vers la tête de sa mère qui se mit à le lécher tendrement.
– Il faut lui trouver un nom maintenant, dit Didier, un nom qui commence par un G. car son père s'appelle Gitan; quelqu'un a une idée?
– Gagneur, proposa quelqu'un.
– Guignol!
– Galopin!
– Va pour Galopin, approuva Didier, et faisant une dernière caresse sur le museau humide de Jonquille, il ajouta:
– C'est bien ma belle, demain on te ramènera au pâturage avec les autres.

Il était plus de 22 heures, mais Marco n'avait pas sommeil; couché sur l'herbe, à côté de sa tente, il regardait le ciel magnifiquement étoilé. Dans sa main, il tenait serrée la dernière lettre que lui avait envoyée son père. Depuis bientôt six mois, Flavio Messina était parti au Koweit et cette lettre annonçait son prochain retour. Marco n'avait même plus besoin de la lire; il la connaissait par cœur:

Koweitcity, le 5.7.1990

Fiston,

Enfin quelques jours de repos, je pars demain pour Minaguich, avec l'équipe; c'est un autre site pétrolifère, perdu en plein désert à environ 20 km de l'Arabie-Saoudite; je parie que là-bas il n'y aura rien d'autre que les pipe-lines, l'oléoduc et quelques baraquements pour le personnel...

Heureusement que l'ambiance de travail est toujours bonne. Je te l'ai dit dans ma dernière lettre, je me suis fait un vrai ami: Adsour. Et Franck le contremaître est sympa lui aussi. Plus qu'un mois, et mon contrat sera terminé! Il faut dire qu'on travaille sans relâche à réparer cet oléoduc. Parfois plus de douze heures par jour...

Bien sûr on doit s'arrêter durant les heures les plus chaudes, souvent on rentre à la base à la nuit tombée...

Tu me manques tu sais... Cette fois-ci on ne se quittera plus.

En attendant, sois gentil avec Tina et essaye de faire un effort avec ton oncle Robert. Je sais... ce n'est pas facile...

A bientôt, je t'embrasse,
Papa

«On ne se quittera plus». Cette phrase ne cessait de tourner dans la tête de Marco, si seulement cela pouvait être vrai...

Depuis la mort de sa mère, renversée par un chauffard ivre sept ans plus tôt, son père avait fait toutes sortes de boulots, toujours en déplacements sur des chantiers aux quatre coins de la France. Puis il avait été chauffeur routier international, avant de signer finalement ce contrat de six mois au Proche-Orient.

– C'est bien payé tu sais, lui avait-il expliqué le jour de son départ; et puis regarde ce qui est mentionné sur le contrat: au bout des six mois là-bas, j'aurai un poste définitif ici, sur Lyon! C'est pas beau ça?

Marco n'avait rien répondu, la colère lui nouait la gorge: c'est toujours la même chose avec lui, avait-il pensé; il promet mais il ne tient jamais... On devait aller s'installer tous les deux dans un appartement,

vivre ensemble tout le temps... Qu'est-ce que ça peut me faire que ce soit bien payé... Je vais encore me retrouver seul avec Tata Tina et son alcoolo de mari!
Sans dire un mot, il était sorti en courant et la porte avait claqué derrière lui. A son retour, quelques heures plus tard, son père était déjà parti pour l'aéroport...

– Marco? Qu'est-ce que tu fais dans le noir? Tu ne viens pas dormir? Dit Damien en passant la tête par l'ouverture de la tente.
– Tu crois qu'au Koweit, on voit aussi la Grande Ourse?
– Tu penses à ton père...
Ce n'était même pas une question. Damien connaissait Marco depuis la maternelle; ils étaient plus que des copains, presque des frères...
De tous les coins de la vallée montait le son harmonieux des cloches des troupeaux broutant dans la fraîcheur du soir, comme une symphonie emportée par la légère brise d'été.
– Bien sûr qu'on la voit la Grande Ourse depuis le Koweit; à condition qu'il n'y ait pas de nuages... Eh, banane!
Marco daigna sourire...
– C'est malin! Banane toi-même! Je te préviens, si cette nuit tu ronfles encore, je te vire!

❖

C'était l'heure du petit déjeuner et la famille Wieler au grand complet était réunie autour de la grande table de la cuisine.
– Papa, dit Philippe, Marco et ses copains voudraient monter Perle ce matin, tu es d'accord?
– Pourquoi pas? Mais restez dans l'enclos, cela vaut mieux.
Alicia qui engouffrait une énorme tartine esquissa soudain une mimique réjouie:
– Dis maman, c'est aujourd'hui la fête, hein? Est-ce que je pourrai préparer les lampions pour ce soir? Et aussi les feux de Bengale, et mettre les drapeaux aux fenêtres?

– Mais c'est vrai, c'est le Premier Août aujourd'hui, la fête nationale!
Michèle Wieler sourit à sa fille:
– C'est entendu; tu pourras nous préparer tout cela, à condition de ne pas mettre la pagaille dans le grenier…
– Moi aussi, moi aussi, je veux mettre les drapeaux! intervint Julien, le petit dernier de la famille.
– Non, toi tu ne peux pas, tu es trop petit, tu n'as que trois ans et tu peux tomber par la fenêtre! répliqua Alicia d'un ton péremptoire.
– Eh bien on verra ça, dit leur mère. En attendant, terminez vos tartines.
– Alors il y a le feu au village ce soir, dit Philippe… Oh papa, j'ai une idée: si je proposais aux campeurs de nous accompagner; ils sont tous français et ils ne connaissent sûrement pas ça… Est-ce qu'on ne pourrait pas atteler Perle au vieux char et…
Didier éclata de rire:
– Ma parole, ils t'ont emballé ces campeurs. D'accord, d'accord, on peut faire tout cela, mais il faudrait peut-être d'abord aller leur en parler, tu ne crois pas? Leur moniteur a peut-être prévu autre chose lui…
Philippe ne se le fit pas répéter deux fois. Quittant précipitamment la table, il courut rejoindre les campeurs.
– Eh bien, je crois qu'il s'est fait de nouveaux copains, commenta Didier. Tant mieux; il n'a pas tellement d'amis de son âge dans les environs .

Les campeurs étaient eux aussi en train de déjeuner. Beurre et lait fournis par la ferme faisaient le régal de tout le monde.
– Bonjour!
– Salut Philippe!
Aussitôt, Philippe se mit à leur parler des idées qu'il avait eues pour la soirée.
– Qu'est-ce que vous fêtez le 1er août? demanda Alex. Les Suisses ont fait la Révolution eux aussi?
– Non, notre fête nationale célèbre la création de la Suisse. En 1291, trois cantons se sont unis contre des collecteurs d'impôts de l'Empe-

reur de Prusse; ils ont décidé de devenir indépendants. Depuis, il y a 19 autres cantons qui se sont rattachés à cette union. Et le 1er août, on fait de grands feux de joie dans les villages, en souvenir.
– Eh bien, dit Alain, en attendant si vous voulez monter à cheval ce matin, il faudrait commencer par mettre un peu d'ordre et aussi faire la vaisselle!

❖

– C'était une bonne idée de nous amener ici, tu ne trouves pas?
Marco se retourna:
– Quoi?
Damien reprit:
– Je disais qu'Alain avait eu une bonne idée de nous amener ici; cela restera pour moi le meilleur souvenir de toute la colonie!
Marco ne répondit rien. Assis à même le sol, les yeux perdus dans les grandes flammes qui semblaient aller lécher les étoiles… « C'est vrai, pensa-t-il, on passe de supers moments…».
Ils avaient tous monté Perle ce matin-là et la gentille jument s'était laissée faire de bon gré; elle avait d'ailleurs été largement récompensée par des gâteaux, des morceaux de sucre, et bien sûr beaucoup de caresses. Puis ils étaient allés voir Galopin, le petit veau.
Philippe leur avait montré comment le nourrir, avec une sorte de biberon spécialement prévu à cet effet. L'après-midi, ils s'étaient baignés, avaient joué au foot… Bref, la journée avait été bien remplie. A 21 heures, munis de lampions multicolores, ils étaient partis pour le village sur le vieux char, avançant au rythme entraînant des grelots du harnais de Perle qui tintinnabulaient joyeusement…
Tous les villageois s'étaient réunis en cercle sur une colline dominant la vallée. Les enfants de l'école entonnèrent l'hymne national, repris en chœur par les adultes. Le brasier de plus de quatre mètres de haut brûlait allègrement.

D'un peu partout éclataient des feux d'artifices, poussières de couleurs illuminant la nuit.
Marco soupira... Il aurait bien voulu que son père soit là pour voir ça.

❖

– Marco, Marco! ...Allez, debout là dedans! cria Alain en ouvrant la tente, c'est pas le moment de traîner, on plie le camp aujourd'hui... Tu veux bien aller chercher le lait pour le déjeuner?
Marco se leva, à moitié endormi et se dirigea vers la ferme.
C'est Alicia qui lui ouvrit la porte.
– Bonjour, je viens chercher le lait.
– Bonjour Marco, répondit Michèle Wieler, alors tu as bien dormi après la balade hier soir? Tiens le bidon est là
– Merci, c'était vraiment chouette la promenade sur le char, le feu. Bon, il faut que je fasse vite, on s'en va aujourd'hui...
Tandis qu'ils parlaient, Alicia avait allumé le poste de télévision à la recherche de dessins animés.
Au moment où Marco allait sortir avec le bidon de lait, la voix d'un commentateur annonçant un flash spécial le figea sur place:
«Bonjour, nous apprenons à l'instant par un télex, qu'aujourd'hui, 2 août 1990, l'armée irakienne a envahi et annexé le Koweit. Il semble que l'armée irakienne n'a pas rencontré beaucoup de résistance, l'opération n'ayant duré que quelques heures... Nous n'avons pour l'instant aucun renseignements sur le sort des ressortissants européens résidant actuellement dans ce pays».
Marco eut soudain l'impression qu'une main glacée compressait son cœur... Le Koweit envahi...
Dans ses lettres, son père ne parlait jamais des tensions politiques régnant là-bas. Marco savait par les médias que tout n'était pas calme dans cette région du monde, mais jamais il n'avait songé un seul instant que son père risquait de se retrouver pris au piège... Au piège de la guerre!

Chapitre II

L'invasion irakienne

...Les chars blindés avançaient, imposants, dans un grondement sourd et en dégageant un énorme nuage de poussière; en arrière, on devinait d'autres véhicules plus légers mais munis de puissantes mitrailleuses, ainsi que des véhicules de transport de troupes... Flavio se rendit compte que toute cette armada se dirigeait droit sur lui... saisi de panique, il se mit à courir, courir...

– Flavio, Flavio!

Flavio Messina ouvrit les yeux et vit Adsour penché sur lui qui le secouait:

– Réveille-toi, tu fais un cauchemar!

– Ouf, j'aime mieux ça, figure-toi que je voyais l'armée irakienne me foncer dessus avec...

Flavio s'interrompit brutalement en se rendant compte de la part de vérité qui émanait de son cauchemar.

Les événements de la nuit précédente lui revenaient soudain avec clarté... Il fallait qu'il ait été vraiment fatigué pour avoir réussi à s'endormir!

Il ne devait pas être loin de minuit lorsqu'ils étaient arrivés en vue de Minaguich. Le travail avait été encore plus rude qu'à l'accoutumée: ils n'avaient cessé d'accumuler les pannes et les contretemps. Tout d'abord le groupe électrogène était tombé en panne, à cause du sable qui s'introduisait partout; puis au retour, le 4x4 s'était enlisé dans le bord de la piste, car Franck, le contremaître qui conduisait, avait dû s'endormir quelques dixièmes de secondes... Il avait fallu pelleter, pousser... tirer le véhicule avec le treuil de l'autre 4x4...La vraie galè-

re. Et pour couronner le tout, à leur arrivée, ils s'étaient retrouvés cernés par plusieurs véhicules blindés légers qui semblaient avoir littéralement surgi de nulle part.
– Zut! Qu'est-ce que c'est que ça! avait crié Franck, qui, avec Flavio, était dans le premier véhicule. Sous l'effet de la surprise, il avait donné un coup de frein magistral qui avait fait déraper la voiture sur le bord de la piste.
– Arrête-toi! Ils n'ont pas l'air de plaisanter...
Comme pour confirmer l'impression de Flavio, une salve de mitrailleuse tirée en l'air avait retenti. Franck avait stoppé net et arrêté le moteur en signe d'obéissance. Les gars qui dormaient à l'arrière s'étaient réveillés, demandant qu'est-ce qui se passait; personne n'avait eu le temps d'expliquer quoi que se soit, car une vingtaine de soldats, armés jusqu'aux dents, avaient déjà entouré les véhicules et avaient ordonné aux occupants de descendre.
A leur accent, Flavio avait tout de suite compris ce qui se passait: Saddam Hussein avait mis ses menaces à exécution... Ses troupes envahissaient le Koweit!

Adsour vint s'asseoir sur le lit à côté de Flavio.
– Que crois-tu qu'ils vont leur faire?
Flavio n'avait pas besoin de lui demander de qui il parlait. Juste après leur «arraisonnement», ils avaient tous été amenés sur la place centrale de la base pétrolifère; tous les autres ouvriers étaient déjà là, alignés contre le mur d'un des baraquements, tenus en respect par un autre groupe de soldats. On leur avait fait signe de les rejoindre. Un officier s'était alors approché, et, en passant devant eux, en avait désigné plusieurs. Aussitôt deux soldats les avaient emmenés à l'écart.
– Il met à part les Occidentaux, avait pensé Flavio.
En effet, l'officier avait désigné, outre Franck, le contremaître, M. Fournier l'ingénieur, Jacques, son secrétaire... et quelques autres.
Flavio attendait son tour, mais l'officier passa devant lui sans rien dire
Il croit que je suis nord-africain, en avait-il déduit. Alors qu' il pensait

à se manifester, l'officier s'était dirigé vers le petit groupe de ceux qu'il avait désignés et s'était mis à les toiser d'un air hautain et méprisant. Soudain, sans que rien n'ait laissé présager ce geste, il avait violemment frappé Franck au côté, avec la crosse de son fusil-mitrailleur. Sous la douleur, celui-ci s'était plié en deux, le souffle coupé.
– Emmenez-les, avait alors dit l'officier, apparemment satisfait de son geste de violence gratuite; et avec un sourire cynique, il avait ajouté:
– On va s'en occuper de ces chiens d'Occidentaux!
Les soldats avaient emmené Franck et les autres dans l'un des baraquements.

Flavio était partagé entre colère et crainte...
Adsour qui le regardait, lui avait fait un signe d'apaisement:
– Tu ne peux rien faire, et il ne va pas faire bon être européen par ici dans les jours à venir. Crois-moi, ta nationalité n'est pas écrite sur ton front, alors met la entre parenthèses, et surtout ne tente rien. De toutes façons, pour l'instant, ce sont eux les plus forts. On ne se bat pas à mains nues contre des mitrailleuses.
Evidemment, avec ses cheveux noirs et bouclés, ses yeux marrons, Flavio était passé sans problème pour un Egyptien, ou un Marocain, comme Adsour. Ce qui n'était pas franchement le cas de Franck, grand blond aux yeux bleus...
Quelques instants plus tard, les soldats les avaient aussi conduits à l'un des baraquement, dans lequel ils s'étaient entassés sous bonne garde.

Flavio se leva et s'approcha de la fenêtre; il devait être six heures du matin, le jour se levait à peine, tout était calme et silencieux, à part le va et vient des sentinelles.
– J'ai dû m'assoupir une heure ou deux, pensa-t-il. Quelle poisse toute cette histoire: nous voilà coincés ici, avec ces «gardes-chiourmes»... dire qu'il nous restait à peine trois ou quatre jours de travail, et puis on pouvait rentrer! Que vont penser Marco et Tina... J'aurais dû les écouter, et refuser ce contrat.

Il faut dire que la proposition lui avait paru intéressante. Le travail bien rémunéré était plutôt rare et là, c'était le cas: il cumulait les postes d'ouvrier soudeur et d'interprète entre l'équipe de direction française et les ouvriers sur place qui ne parlaient que l'arabe. De plus, il y avait aussi la garantie de ce poste à Lyon, au siège de l'entreprise à son retour. La Darbo-Pétroleum qui les avait recrutés avait réussi à obtenir un contrat exclusif avec le Koweit pour la maintenance de son infrastructure pétrolière. La mission de l'équipe dont Flavio faisait partie était de vérifier l'état de kilomètres d'oléoducs (énormes tuyaux métalliques qui, posés sur des piliers ou à même le sable, servaient à acheminer le pétrole des sites d'extraction, en plein désert, jusqu'aux raffineries, situées sur la côte du Golfe Persique). Bien que ces installations ne fussent pas très anciennes, quarante ans à peine pour les plus vieilles, elles menaçaient cependant de se rompre en de nombreux endroits. Ceci était dû aux conditions climatiques difficiles, propres à la péninsule arabique: il y avait très souvent plus de 60° de différence entre le jour et la nuit, d'où une dilatation incessante du métal qui mettait peu à peu à mal les conduites.
Et c'est là qu'intervenaient le savoir-faire et l'efficacité des ingénieurs de la Darbo qui avaient mis au point un alliage très performant. Si bien que depuis le début du mois de mars, Flavio et l'équipe avaient pour tâche d'inspecter et de remplacer les tronçons d'oléoducs en mauvais état.
Depuis le début de l'été, Saddam Hussein avait commencé à s'agiter. Tarek Aziz, le chef de sa diplomatie, avait fait au secrétaire de la Ligue arabe, tout un réquisitoire contre le Koweit, l'accusant d'asphyxier l'Irak en ne respectant pas les quotas de production pétrolière fixés par L'OPEP. Puis les choses n'avaient cessé de s'envenimer, jusqu'à la menace: quelques jours plus tôt, le Général Hussein avait annoncé son intention d'annexer purement et simplement le Koweit, revendiquant ce petit pays comme étant la 19e province irakienne. Cette affirmation s'appuyait sur les limites du territoire perse de l'Antiquité.
Personne n'avait vraiment voulu y croire, Flavio non plus. Il pensait que Saddam Hussein bluffait. Qu'il n'oserait pas se lancer dans une

opération militaire et guerrière au vu et au su de la communauté internationale. A l'évidence, tous avaient sous-estimé la détermination du dirigeant irakien...

Flavio faisait les cent pas, essayant de calmer son irritation.
– Et comment est-ce que ça c'est passé ici? questionna-t-il.
– Très vite, répondit Mohammed, le plus âgé des ouvriers du site. On allait s'endormir, il devait être 23 heures. Tout à coup, on a entendu des rafales de mitraillettes, puis un grand silence... Ensuite, une dizaine de soldats sont entrés dans le dortoir, ils ont tout fouillé, puis nous ont fait sortir et aligner le long du mur, comme vous l'avez vu en arrivant. C'est tout.
– Et la division de l'armée koweïtienne alors?
– Je pense qu'ils ont battu en retraite, après avoir échangé quelques chargeurs... De toutes façons, ils n'étaient pas de taille à affronter les blindés, et tout le reste...
Mohammed n'avait pas tort; sur la place étaient maintenant rassemblées plusieurs unités de chars blindés, de mitrailleuses autoportées... sans parler des camions.
Durant les dernières semaines, l'armée du Koweit avait dépêché des troupes vers tous les sites isolés, mais que pouvait une poignée d'hommes contre les divisions irakiennes?
– Que croyez-vous qu'ils vont faire de nous? demanda Adsour.
– De nous je ne sais pas, mais je n'aimerais pas être à la place de Franck et des autres, reprit Mohammed.
– Pourquoi? s'inquiéta Flavio.

Mohammed jeta un regard autour de lui et murmura:
– Parce que ces brutes, quand ils commencent à frapper, on sait comment ça se termine... Devant un mur, face au peloton...
Un silence pesant s'installa quelques instants. C'est Flavio qui le rompit:
– Non, je ne crois pas qu'ils oseront faire cela! Sinon, c'est l'armée française qui va débarquer, et là, ce ne sera plus la même chanson!

Pendant un long moment encore, les conversations allèrent bon train: comment allait réagir la communauté internationale? L'armée irakienne avait-elle envahi tout le pays? Autant de questions qui restaient sans réponse…
– Tu veux une cigarette? C'est mon dernier paquet, profites-en… Tu crois que les Irakiens accepteront de nous en filer?
Adsour sourit tristement et prit la cigarette que lui tendait son ami.
– Même s'ils veulent bien, je ne sais pas avec quoi je pourrais les leur acheter; mon portefeuille est resté dans le 4x4, alors je n'ai pas beaucoup d'espoir de le retrouver.
– Mince! Flavio se frappa la tête avec la paume de sa main: mes papiers, mes affaires tout est dans mon casier dans l'autre baraquement…
– Si tu veux mon avis, tu peux faire une croix dessus!

Vers la fin de la matinée, il y eut un peu d'agitation à l'extérieur. S'approchant de la fenêtre, ils virent un camion se garer sur la place. Des soldats en descendirent et se dirigèrent vers le baraquement voisin, où étaient enfermés Franck, Fournier, et les autres. Ils les firent monter dans le camion qui, rapidement, prit la piste en direction de Koweit-city.
– Ils les emmènent, commenta Flavio.
– En direction de la capitale, ça veut sûrement dire qu'ils l'ont prise aussi; mais d'un autre côté c'est plutôt bon signe. S'ils voulaient les tuer, ils ne se donneraient pas la peine de les transporter…

– A quoi est-ce que tu penses?
Adsour releva la tête, assis à même le sol, appuyé contre le mur, il griffonnait sur un bout de papier retrouvé dans sa poche.
– A ma femme et à mes gosses…
– Je crois qu'on en est tous là… commenta Flavio.
Depuis bientôt six mois qu'ils travaillaient ensemble, les deux hommes étaient devenus très proches. Adsour était marocain. Il travaillait dans la péninsule arabique depuis six ans; au Koweit, en Ara-

bie Saoudite… Il ne voyait sa famille que deux ou trois fois par an. Il était natif d'un petit village de montagne très pauvre. En six mois de travail au Koweit, il pouvait gagner autant qu'en plusieurs années de dur labeur chez lui. Alors, avec l'argent économisé, il comptait s'acheter bientôt un petit commerce, à Rabat, qui les ferait vivre paisiblement. C'est ce qu'il avait expliqué à Flavio, quelques temps auparavant.

– J'avais promis à ma femme que se serait le dernier contrat, tu sais… elle ne voulait pas me laisser repartir, j'aurais dû l'écouter!

Vers deux heures de l'après-midi, à en juger par la position du soleil, on leur apporta un repas frugal; comme ils n'avaient rien avalé depuis la veille au soir, personne ne se fit prier.

Le reste de la journée se passa, longue et morne. A l'extérieur, plus rien ne bougeait. Cependant, les sentinelles, vigilantes, et les batteries antiaériennes, installées à quelques dizaines de mètres du baraquement, attestaient de la vigoureuse présence de l'occupant.

Le soleil d'août chauffait à blanc les tôles du toit et dans le dortoir la plupart des hommes, prenant leur parti de la situation, essayaient de faire la sieste. Mais à 25 dans un local prévu pour 12… l'atmosphère devenait irrespirable. Sans parler des sanitaires…

Flavio n'avait pas du tout envie de dormir; il se sentait exaspéré à rester enfermé comme cela, avec une complète incertitude de l'avenir.

– Adsour, eh, Adsour tu dors?

– Mm… non, plus maintenant…

– Ecoute, ça ne peut pas durer comme ça, il faut qu'on trouve un moyen de s'échapper! L'Arabie Saoudite n'est qu'à une vingtaine de kilomètres!

Adsour s'assit sur la couverture et se gratta la tête d'un air incrédule:

– Et comment comptes-tu faire pour sortir d'ici? Avec les sentinelles qui sont partout? On n'a même pas d'armes… Tu veux aller taper sur l'épaule du gars, devant la porte, et lui demander la permission d'aller faire une petite ballade jusque là-bas?

– Il doit bien y avoir un moyen tout de même, on ne va pas rester à moisir ici cent sept ans!…

– Tu es trop allé au cinéma en France. Ici c'est la guerre, et crois-moi, tu n'aurais pas le temps de mettre la tête dehors, qu'elle serait transformée en passoire. Alors, en ce qui me concerne, je préfère attendre ici tranquillement, voir venir, et surtout rester vivant!

❖

– Allez, vas-y, prends-lui la balle, ouais! Génial! Fonce, fonce! Oh non... Damien, se rassit sur son siège, déçu de voir que son joueur préféré avait raté son tir de quelques centimètres seulement. Le ballon de basket frappa le panneau et aussitôt fut rattrapé par un membre de l'équipe adverse.
– Vous avez vu ça? ajouta-t-il à l'adresse de Marco et d'Alain, assis à ses côtés, ça aurait été le tir de l'année, à cette distance...
Alain approuva:
– C'est pas pour rien qu'on appelle Karim le «Jordan de Villeurbanne» il a réussi plus d'un tir de ce genre la dernière saison et c'est surtout grâce à lui si on est allé jusqu'à la finale régionale...
Marco, lui, avait de la peine à se concentrer sur l'action... Cela faisait maintenant dix jours qu'ils étaient rentrés de la colo, mais pour lui, le temps paraissait suspendu... Il avait sans cesse l'impression de nager dans une sorte de brouillard, à partir du moment où il avait appris l'invasion irakienne au Koweit. Depuis, il n'avait eu aucune nouvelle... Ce soir c'est avec son père qu'il aurait dû être là, pas avec Alain... Oh, bien sûr, Alain était sympa et il n'était pour rien dans tout cela, bien au contraire; il faisait tout pour lui changer les idées, sans trop de succès malheureusement.
Les deux derniers jours de colo avaient été plutôt difficiles pour Marco. Il s'était replié sur lui-même, ne participant plus aux discussions et aux activités.
Alain s'en était inquiété, mais s'était heurté face à Marco à un mur de silence.

Finalement, il avait appris par Damien, le seul à qui Marco se soit confié, la raison de ce brusque changement d'attitude.
Très concerné par la situation Alain s'était promis de garder une relation avec Marco après la colo, jusqu'au retour de son père… ce ne serait sûrement qu'une question de jours, voir de semaines..
Comme en plus il habitait Villeurbanne, à 15 km de chez Marco à vol d'oiseau…

– Regarde Marco, dit Damien, le grand blond là, il est vachement rapide, à la vitesse ou il fait ses passes… il faudrait le ralenti pour tout comprendre, derrière, la balle entre les jambes, demi-tour et hop, il passe plus loin, alors que le gars en face n'a encore rien pu faire!

Marco soupira.. décidément le basket ne lui disait rien aujourd'hui. Il faut dire que l'ambiance familiale ne le mettait pas vraiment en conditions… Déjà à son retour de colo, il avait trouvé Tata Tina les traits tirés par l'inquiétude et les yeux rougis. Elle l' avait serré très fort dans ses bras, en murmurant:
– Il va revenir, ne t'inquiète pas mon chéri, ils ne lui feront rien…
Et comme pour mieux s'en convaincre, elle avait ajouté:
– Je suis allée allumer des cierges, cette après-midi, pour que la Madone le protège.
Marco avait haussé les épaules; lui gardait les yeux secs. D'ailleurs, depuis la mort de sa mère, quand il avait sept ans, il n'avait jamais plus pleuré, comme si il gardait ses chagrins à l'intérieur pour avoir l'impression qu'ils faisaient moins mal…
Tata Tina lui avait semblé fatiguée. Plus que cela, il avait eu le sentiment que ses épaules si droites, si fières d'habitude, s'étaient un peu affaissées; et son visages aux traits fins et bien dessinés s'était creusé. Même son chignon qu'elle portait toujours très serré sur la nuque en avait pris un coup: plusieurs mèches s'en étaient échappées et tombaient mollement sur son épaule. Marco n'avait rien dit. Mais son silence même était éloquent.

Le pire pourtant c'était le soir, quand Tina était au travail. Elle faisait des ménages dans des bureaux au centre ville de Lyon; les fins de mois étaient difficiles, car Robert, son mari, était au chômage depuis dix-huit mois. Marco restait alors seul avec Robert. Ce qui n'était pas fait pour simplifier les choses, c'est que depuis son licenciement, Robert se consolait dans la bière et la cohabitation entre lui et Marco devenait de plus en plus difficile.
D'ailleurs ce soir-là, juste avant de venir au match, il s'en était fallut de peu qu'ils n'en viennent au conflit ouvert et que cela ne dégénère: au journal de 20 heures, la télévision avait annoncé que Saddam Hussein ne semblait pas vouloir céder à la pression internationale, visant à lui faire évacuer le Koweit d'une part et, d'autre part, à laisser au moins sortir du pays les Occidentaux qui y étaient pris au piège.
Robert, qui à son habitude était affalé dans un fauteuil à siroter une «xième» bière s'était mis à vitupérer:
– Quelle idée aussi d'aller dans des pays pareils! Moi je dis que chacun n'a qu'à rester chez soi! Les français en France, et les Arabes chez eux! Comme ça il n'y aura plus de problèmes, si j'étais au gouvernement, il y a longtemps que je les aurais tous mis dehors, les arabes, les nègres, tous ces gens là qui nous prennent notre travail et ruinent notre pays! Après, si ils veulent se tuer entre eux c'est leur problème; il n'y a qu'à les laisser faire!
Marco lui avait jeté un regard noir. Robert avait toujours détesté son père et il ne manquait pas une occasion de le dire, même en sous-entendu…
– Tais-toi, était intervenue Tina, tu n'as pas besoin de parler comme cela devant le petit!
– Le petit, le petit, il est assez grand pour comprendre! Et c'est pas un père qui préfère traîner ses savates chez les arabes plutôt que d'élever son fils qui va le lui apprendre!
Marco s'était levé, rouge de colère, prêt à invectiver son oncle, mais Tina s'était interposée, fermement:
– Marco, va te préparer; tu vas rater ton rendez-vous avec Alain et Damien pour votre match de basket…

Marco s'était contenu, par respect pour Tina, mais à l'intérieur, c'était la haine qui grondait contre Robert.

Les cris du public ramenèrent Marco à la réalité: Karim, le «Jordan de Villeurbanne» s'étant emparé du ballon, fonçait en direction du panier adverse: trois pas en avant, une esquive à droite, ballon entre les jambes puis, d'un bond puissant il jaillit au dessus de la mêlée... Le ballon survola toutes les têtes, les mains tendues pour l'arrêter et acheva sa course brillamment dans le panier!... Emportant du même coup in-extremis la victoire pour son équipe, car presque aussitôt, le sifflet annonçant la fin du match retentit.
– Ouaaah! fit Damien, génial! A la dernière minute! Tu te rends compte?
– Je l'ai toujours dit, approuva Alain, quand on a les «tripes» ce n'est jamais désespéré. Et ça n'est pas vrai que pour le sport, ajouta-t-il avec un clin d'œil à Marco. Allez! Courage! Bon, je vous offre une glace pour fêter cette victoire?

❖

Flavio traça avec un caillou un vingtième trait sur le mur de leur « prison»... dix-neuf jours étaient passé, dix-neuf jours d'une interminable attente et d'une monotonie totale!
– Si ça continue, grogna-t-il à l'adresse d'Adsour, je vais avoir le temps de couvrir tout le mur de traits avant qu'on nous sorte de là!
Chaque matin, après la relève de la garde, la sentinelle les faisait sortir, et ils pouvaient prendre un peu d'exercice. Ils faisaient le tour des bâtiments. Pendant une heure, ils marchaient ainsi, puis ils avaient droit à la douche, seul moment de bien-être de la journée, avant de retrouver leur dortoir-cellule qui, au fur et à mesure que le soleil montait dans le ciel, redevenait une étuve.

Heureusement, ils avaient de l'eau à volonté. Quant à la nourriture, deux repas par jour, midi et soir, composés de rations militaires. De toutes manières, Flavio n'avait guère d'appétit et au fil des jours ses joues, mangées par la barbe, se creusaient davantage.
Mais, ce matin là, il se produisit quelque chose de totalement inhabituel: alors qu'ils essayaient de profiter un peu de la brise matinale à la fenêtre tout en regardant le lever du soleil, Adsour et Flavio remarquèrent qu'il régnait sur le site une agitation peu coutumière. Des éclats de voix fusèrent du quartier général irakien. Les sentinelles, secouées, raidirent un peu la marche.
– Regarde, voilà la brute qui revient…

En effet, l'officier qui avait rudoyé Franck trois semaines plus tôt s'avançait vers le centre de la place. Il donna un ordre bref, et aussitôt, la porte s'ouvrit et on leur fit signe de sortir pour s'aligner à l'extérieur.
– Ce serait pour le peloton d'exécution qu'ils ne s'y prendraient pas autrement, chuchota Mohammed.
– Non, s'ils avaient eu l'intention de nous éliminer, ils n'auraient pas attendu si longtemps… répliqua Adsour.
– J'espère que tu as raison… pensa Flavio en sentant un frisson glacé lui parcourir le dos.
L'officier se planta devant eux et les toisa longuement, les uns après les autres, comme pour les passer en revue, sans amabilité. Puis, reculant dc deux pas, il se lança dans un discours aussi inattendu que véhément:

«Au nom de Saddam Hussein et de l'islam, je viens vous offrir l'inestimable opportunité de vous joindre à l'armée victorieuse irakienne qui, il y a trois semaines, a repris possession en une seule nuit de toute la 19e province. Maintenant nous allons continuer notre glorieuse conquête et nous vous donnons la chance d'y participer avec nous pour…».
– Tu vois Adsour, je te l'avais bien dit, en une seule nuit…
– Chut! Si tu crois que c'est le moment de se faire remarquer…

«...le peuple du Koweit, est en train de nous rejoindre massivement. Vous aussi rejoignez-nous, au nom d'Allah, venez vous battre avec nous contre le Grand Satan Américain et contre le joug du capitalisme, secouez de vos épaules le carcan du dollar! Nous sommes frères, ensemble nous repousserons ces chiens à la mer. Leur puissance même les aveugle, mais nous serons plus rusés que le serpent! Nous allons les prendre par surprise encore une fois! Alors, pour Allah et pour Saddam Hussein, qui sera volontaire le premier?»
Seul un silence pesant lui répondit. Puis, au bout d'un moment deux hommes avancèrent d'un pas quelque peu hésitant...
– Je savais qu'il y avait encore des hommes parmi vous. Je vous accueille mes frères, dit l'officier en leur donnant l'accolade. Allez, on va vous équiper et vous désigner vos postes.
Les deux hommes s'éloignèrent, accompagnés par un soldat.
– Quant à vous, reprit l'officier en regardant à nouveau le reste du groupe, vous ne valez pas mieux que les rats du désert; vous êtes des lâches, je n'ai que faire de vous...
Flavio retint sa respiration, s'attendant au pire...
– On vous donnera une ration d'eau et de nourriture et d'ici ce soir je ne veux plus voir aucun de vous sur le site, vous êtes libres d'aller vous perdre dans le désert!
Sur ces mots, il tourna les talons et disparut.

Flavio et Adsour se regardèrent sidérés, tant par ce qu'ils avaient entendu que par la tournure des événements...
– Ils sont tous comme ça dans cette armée, ou bien est-ce qu'on est tombé sur l'illuminé du régiment?
– Non, ils sont quasiment tous comme ça malheureusement... il n'y a rien à en tirer. En attendant, on est libres! Tu te rends compte? Libres!
– Attends, je n'arrive pas encore à y croire...
– Eh bien réveille-toi; ce soir on peut être en Arabie-Saoudite, et dans deux jours, si tout va bien, tu prends le premier avion pour la France!
– Tu as raison, mais avant de partir il faut que j'essaie de récupérer mes affaires, dans le baraquement là-bas...

– Ecoute, laisse-moi y aller, pendant ce temps, prépare notre baluchon, je ne serai pas long…
– Mais…
– Laisse-moi faire, j'ai mon idée je te dis. Et sans laisser davantage de temps à Flavio pour réagir, Adsour disparut à l'angle du baraquement.
Flavio rentra dans le dortoir; il y régnait une effervescence considérable, chacun ramassait sa couverture, prenait au passage les rations d'eau et de nourriture que les soldats avaient déposées près de la porte, pour se diriger, sans tarder, vers le désert, plein ouest.
Au bout d'un quart d'heure, Adsour n'était toujours pas revenu; Flavio s'assit sur une des paillasses près de la fenêtre.
– Tu ne viens pas? demanda Mohammed surpris.
– Si, si, mais j'attends Adsour; il a voulu aller voir s'il pouvait retrouver nos affaires. Partez devant on vous rejoindra vite.
– D'accord, comme tu veux, à tout à l'heure.
Il s'éloigna avec les derniers ouvriers. Marchant d'un pas régulier, ils disparurent rapidement derrière les baraquements.
Flavio faisait les cent pas dans le dortoir désert. Plus d'une heure s'était écoulée depuis qu'Adsour était parti. Il commençait à craindre le pire. Soudain, la porte s'ouvrit violemment et Adsour apparut, la mine rayonnante:
– Regarde ce que j'ai trouvé, dit-il en montrant un sac rempli de provisions. Je suis allé faire un tour du côté de la réserve; c'est pour cela que j'ai mis longtemps à revenir. Il a fallut que j'attende que le cuisinier tourne le dos. On va se régaler! Les autres sont partis?
– Il y a longtemps déjà, il faudrait peut-être se dépêcher si on veut les rejoindre…
– Mm, le soleil est bien haut déjà. Je propose qu'on mange un peu, qu'on prenne notre temps pendant les heures les plus chaudes, et puis ensuite, on prendra la route. Il n'y a que quelques heures de marche jusqu'à la frontière saoudienne, pas la peine de s'affoler… au fait pour tes affaires, je suis allé voir: plus rien, ni portefeuille, ni argent. Ils ont tout pillé, éventré; de vrais voleurs quoi! De toute manière, je m'y attendais…

Quelques heures plus tard, ils prenaient la route, le ventre plein, avec sur l'épaule le petit baluchon contenant tout ce qu'ils possédaient désormais: une gourde d'eau, une couverture, le reste de la nourriture, et… beaucoup d'espoirs!

Ils passèrent sans encombre le poste de garde et se retrouvèrent face à l'immensité du désert.
C'est une chose de parcourir le désert dans un véhicule tout terrain confortable; c'en est une autre de s'y engager à pied…
Mais Flavio bouillait d'impatience et cela décuplait son énergie. 20 kilomètres au plus et à nouveau la liberté, la fin de ce long cauchemar…
Le soleil était encore haut et à l'horizon, les sommets du Djebel Chamar semblaient vibrer par l'effet de la chaleur réverbérée par le sable brûlant. Il n'y avait pas un souffle d'air.
Quelque part, devant eux, au milieu du désert, ils allaient trouver les avant-postes saoudiens: leur salut.
La liberté était là, mais encore fallait-il s'en emparer.

Chapitre III

Le camp de réfugiés

– Tu veux boire?
– Oui, merci, quelle chaleur! dit Flavio.
Les deux amis, assis à même le sable, goûtaient une petite pause, après plus de quatre heures de marche, dans l'uniformité du désert.
– Tu crois qu'on est encore loin?
– C'est difficile à dire, il me semble qu'on a dû parcourir environ 12 à 13 km. On ne devrait plus tarder à apercevoir un avant-poste... surtout qu'on y voit loin...
– Ce qui me semble bizarre, c'est qu'on n'ait pas encore rattrapé les autres...
– C'est normal, ils ont eu le temps de prendre pas mal d'avance, et ils ont sûrement marché aussi vite que possible...
Le soleil avait commencé sa descente au dessus du Djebel,
les montagnes semblaient plus proches encore, plus impressionnantes.
– Regarde, on a l'impression qu'on peut les toucher rien qu'en étendant la main...
– Illusion d'optique, mirage... dit Adsour; tout parait proche dans désert, en fait elles sont à plus de 300 km. J'espère qu'on sera arrivés avant la nuit, on n'a pas de lampe, ni même de quoi allumer un feu.
– J'ai encore mon briquet si tu veux...
Adsour esquissa un sourire:
– Bon, on repart ou bien est-ce qu'on attend d'avoir grillé sur place?
Du même pas un peu lourd, tant à cause de la chaleur que de la fatigue, les deux hommes reprirent leur marche.
– Il y a quand même une chose que je n'arrive pas à comprendre, reprit Flavio au bout d'un moment, pourquoi est-ce que Omar et Saadi

se sont portés volontaires ce matin, ils y ont cru à ce discours?
– Je ne sais pas, ils ont dû estimer que se serait moins difficile d'être soldats que prisonniers. Peut-être ont-ils eu peur d'être passés par les armes s'ils ne se portaient pas volontaires, l'armée irakienne est connue pour ce genre de pratique.
Flavio regarda son ami avec incrédulité:
– Et c'est maintenant que tu m'apprends ça?
– A quoi est-ce que cela t'aurait servi de le savoir avant?
– Alors les craintes du vieux Mohammed étaient fondées?
– Plus que cela même…
– Et tout ce discours, c'est du folklore? Ou ils y croient vraiment à toute cette histoire de «Grand Satan Américain»?
– Ça peut te sembler complètement ridicule parce que tu es européen, mais ces hommes n'ont pas la même culture, la même forme de pensée et pour la plupart des officiers et soldats, tout cela est très sérieux. Pour eux la guerre c'est naturel; ils l'ont faite pendant huit ans contre l'Iran et maintenant c'est après le Koweit et l'Occident qu'ils en ont. N'oublie pas que l'argument qu'utilise le plus souvent Saddam Hussein pour mobiliser ses troupes, c'est celui de la guerre sainte. Il faut «sauver l'islam» du danger occidental; et tous ces soldats que tu as vus subissent depuis des années une propagande intensive, un vrai lavage de cerveau. Moi, je suis pour la religion. C'est vrai, ça donne un cadre moral à la vie… et puis je crois qu'il y a «quelqu'un» qui a créé tout cela… (d'un geste large, Adsour montra le ciel et la terre), mais ce n'est pas pour cela que je vais partir en guerre! La guerre, ça ne sert qu'à rendre les pauvres plus pauvres, et les riches plus avides!
– Tu es un musulman pacifiste, quoi!
– Mais la plupart des musulmans le sont! Ce n'est pas parce que tu as passé trois semaines enfermé par des «fous religieux», que tu dois penser que nous sommes tous comme ça!
– Tu vois quelque chose?
Flavio scrutait l'horizon.
– Non, rien… tu devrais peut être faire une petite prière, tu es bien chrétien toi, non? Ajouta Adsour mi-sérieux, mi-moqueur.

«Une petite prière»... Flavio ne répondit pas. Cela faisait longtemps qu'il ne fallait plus lui parler prières et religion, depuis un lointain jour du mois de mars... Une foule de souvenirs surgirent soudain de sa mémoire: le coup de téléphone tragique au travail:
– M. Messina? Ici le commissariat, pouvez-vous vous rendre à l'hôpital? Votre femme vient d'avoir un accident...
Sa course folle dans les couloirs des urgences, puis l'attente, longue, interminable; alors qu'au bloc opératoire on tentait l'impossible pour la sauver. Les médecins ne lui avaient d'ailleurs laissé que peu d'espoir: la voiture du chauffard l'avait heurtée de plein fouet et la cage thoracique, enfoncée, laissait craindre des lésions irréversibles.
Des heures durant, il avait arpenté la salle d'attente, récitant toutes les prières apprises dans son enfance, suppliant Dieu, Marie et les Saints. Enfin, il avait pu la voir, petit visage exsangue aux yeux clos. Elle était dans un profond coma et le chirurgien réservait son diagnostic.
– Il faut attendre, nous verrons dans 24 heures...
Et l'attente avait repris, plus poignante encore; rythmée seulement par le mouvement incessant de l'appareil respiratoire et par l'écho des battements de son cœur, matérialisés par le tracé régulier d'une petite ligne verte sur l'appareil de surveillance.

Il s'était assis à son chevet, tenant sa main dans les siennes. Sans s'en rendre compte, il avait dû s'endormir, car tout à coup, une sonnerie stridente l'avait fait sursauter. Sur l'écran de surveillance, le tracé vert régulier avait cédé la place à une ligne continue... Helena l'avait quitté pour toujours. L'équipe de médecins et infirmières tenta l'impossible pour la ramener à la vie, mais ce fut peine perdue.
Dans les mois qui avaient suivit, il avait littéralement pris la fuite. Christina, sa sœur, voulait bien s'occuper du petit; il le lui avait confié. Quant à lui, il avait quitté son emploi et la ville... Il ne supportait plus d'avoir sous les yeux tant de lieux et de visages familiers qui lui rappelaient les jours heureux du passé.
Aujourd'hui il avait réalisé combien il avait eut tort de fuir ainsi... Il aurait dû rester, pour Marco.

Il ne l'avait pratiquement pas vu grandir, et ces années là étaient bel et bien perdues.
Non, il ne fallait plus lui parler de prières ni de Bon Dieu, soit il n'existait pas, soit il était sourd… en tous cas, il n'avait pas répondu!
– Regarde! Là-bas!
Adsour tira brutalement Flavio de ses réflexions moroses en lui montrant, au loin, un petit groupe de points sombres se détachants sur l'uniformité du désert.
– Tu crois que se sont les Saoudiens?
– D'ici je ne distingue pas encore leur drapeau, mais je ne vois pas ce que cela pourrait être d'autre… Il n'y a pas encore de village du Club Méd. ici, que je sache...! Allez, encore une heure ou deux et on y sera!
Ils reprirent leur marche de plus belle, encouragés par le but devenu visible. Au bout d'une petite heure, alors qu'ils pouvaient distinguer le drapeau saoudien à fond vert flottant mollement au dessus des tentes, ils virent tout à coup quelque chose bouger dans leur direction.
– C'est un véhicule, exulta Adsour à la vue du nuage de poussière qui s'élevait. Ils viennent à notre rencontre!
En quelques minutes, le point noir grossit et se transforma en Jeep avec deux soldats à l'intérieur. Le véhicule stoppa à leur hauteur.
– Qui êtes-vous, d'où venez-vous? demanda le chauffeur, tandis que son collègue, fusil au poing, descendait du véhicule.
– Nous arrivons de Minaguich au Koweit; nous y travaillions pour le compte d'une entreprise française avant l'invasion irakienne. Nous avons été détenus par eux durant ces 20 derniers jours. Ils nous ont finalement relâchés ce matin, et nous voilà…
– Levez les mains, paumes ouvertes, ordonna le soldat, nous avons ordre de vous ramener au camp. Mais tout d'abord, je dois vous fouiller.
De bonne grâce, les deux amis obtempérèrent, sous le regard attentif des militaires.
– Bon, ça va, montez.
Les deux compagnons d'infortune ne se le firent pas répéter deux fois. Aussitôt arrivés au poste saoudien, ils furent conduits auprès d'un jeu-

ne capitaine responsable du détachement qui les reçut amicalement:
– Alors, vous arrivez de Minaguich, me dit-on?
– En effet Capitaine. Comme nous l'avons expliqué à vos hommes, nous y travaillions pour une entreprise française, la Darbo-Petroleum; d'ailleurs je suis français moi-même, et mon ami Adsour est Marocain.
– Vous êtes Français? Et les Irakiens vous ont laissé partir?
– C'est à dire qu'ils ne l'ont pas su… je n'avais pas mes papiers sur moi au moment où ils nous ont interceptés; et comme je parle couramment l'arabe…
– Je vous pensais algérien, interrompit le capitaine.
– Vous avez raison, je suis né là-bas; mes parents sont «Pieds-Noirs», rapatriés, comme on dit en France. Alors vous comprendrez que les Irakiens ne se sont pas méfié. Je suis «passé entre les gouttes» comme on dit.
– C'est ce qu'on appelle avoir de la chance…
Les deux amis échangèrent un regard interrogateur.
– Que voulez-vous dire? interrogea Adsour, ils n'ont tout de même pas osé passer les Occidentaux par les armes?
– Non, mais ce n'est pas beaucoup mieux! Saddam Hussein a annoncé qu'il avait réparti tous les ressortissants occidentaux sur les divers sites stratégiques du Koweit, militaires ou autres. En d'autres termes, si l'O.N.U. décidait d'une intervention militaire pour faire lâcher prise aux Irakiens, les premiers à en pâtir, en cas notamment d'offensives aériennes, ce serait eux. Ils servent de bouclier humain. Saddam Hussein sait bien que contrairement à lui, les nations occidentales tiennent à la vie de leurs ressortissants.
– Mais jusqu'où va aller ce fou! explosa Flavio.
– Ne vous inquiétez pas, reprit leur interlocuteur, nous en viendrons à bout. L'Irak, même fanatisé, ne tiendra pas longtemps face à la détermination de la communauté internationale… Les choses ont déjà beaucoup évolué depuis trois semaines. Tout d'abord, tous les capitaux irakiens placés à l'étranger, ont été gelés. L'Irak est extrêmement isolé. A une ou deux exceptions près, tous les pays arabes lui ont tourné le dos. D'autre part, notre pays est en train de devenir la plus gi-

gantesque base militaire internationale de tous les temps. Les Américains débarquent des troupes, les Anglais envoient plusieurs détachements ainsi que la France qui a mobilisé et envoyé un porte-avions dans le Golfe. Tout comme les Américains d'ailleurs... Non, croyez-moi, Saddam Hussein ne fait pas le poids; il finira par s'en rendre compte.

❖

Flavio et Adsour pensaient bien que le monde avait dû réagir aux événements dont ils avaient eux-mêmes été victimes, mais ils ne se doutaient pas de l'ampleur de cette réaction.
– Dites-moi, demanda Flavio, il y a tout un groupe d'ouvriers de Minaguich qui sont partis avant nous, est-ce qu'ils sont arrivés aussi ici?
– On nous a signalé en effet un groupe de personnes cet après-midi, à un autre poste, un peu plus à l'est. Vous avez eu beaucoup de chance d'arriver avant la nuit. Bon, je suppose qu'après ces semaines mouvementées vous désirerez rentrer chez vous au plus tôt?
– Oui, nous ne demandons même que ça! Voyez-vous, après six mois, dont trois semaines de prison, Le désert a passablement perdu de son charme... commenta Flavio.
– Pour ce soir, vous dormirez ici; je vais vous faire servir un repas et on vous trouvera un peu de place dans une des tentes. Demain, je vous ferai conduire à Hafar. C'est une oasis à environ 50 km à l'ouest; c'est là que se trouve le poste de commandement pour tout le secteur de la frontière. J'adresse dès ce soir un rapport à votre sujet au Commandant Ramad, mon supérieur. C'est lui qui s'occupera de votre rapatriement sur Riad. Est-ce que cela vous convient?
– Oui, oui, très bien!
– Alors Messieurs, bon appétit et bonne nuit.
Les deux amis le remercièrent chaleureusement et prirent congé le cœur nettement plus léger. Enfin les événements prenaient une tournure plus engageante...

Il leur fallut une bonne demi-heure de Jeep, le lendemain matin, avant d'arriver en vue de Hafar. A l'origine paisible bled du désert, habité par des bergers sédentarisés dont les troupeaux se nourrissaient de l'herbe sèche, ainsi que des feuilles des rares arbustes poussant en bordure de l'oasis.
Mais en quelques mois, depuis que l'Irak avait commencé à déployer ses troupes près de la frontière, Riad avait pensé prudent d'installer une base de surveillance et des avant-postes. De ce fait l'oasis était devenue un véritable camp militaire que l'action irakienne au Koweit n'avait fait que renforcer.
La frontière toute proche faisait de ce site la plaque tournante de l'organisation et du ravitaillement des unités placées de part et d'autres sur la limite territoriale saoudienne.
En prenant position, l'armée avait commencé par racheter à un bon prix les petites maisons blanches au toit plat des bergers ainsi que leurs troupeaux. Les premières servaient de poste de commandement ou d'infirmerie, tandis que les troupeaux avaient servi de réserve de viande pour quelque temps.

La Jeep laissa Flavio et Adsour au poste de garde. Aussitôt, la sentinelle avertit le poste de commandement.
– Le Commandant est très occupé, mais il enverra quelqu'un vous chercher dès que possible, attendez ici.
– Dans ce cas, autant s'installer confortablement, dit Adsour. Et joignant le geste à la parole, il s'assit sur les sacs de sable protégeant la mitrailleuse du poste de garde.
Trois pistes arrivaient à Hafar; celle du nord, vers l'Irak, celle de l'est qu'ils venaient d'emprunter, vers le Koweit et la côte du Golfe et enfin celle du sud, vers Riad, la capitale saoudienne, via Al-Qaysumah. Toutes trois étaient étroitement surveillées, tant par les contingents de patrouilles terrestres que par les photos satellites, ainsi que par le ballet incessant des avions américains Awacks survolant tout le périmètre de conflit, 24 heures sur 24.

– Regarde-moi cet armement, dit Flavio; les Irakiens n'ont qu'à bien se tenir, ça va faire mal… tous ces chars, ces blindés, derniers modèles américains, flambant neufs. En effet, à quelques centaines de mètres d'eux, était déployé tout un imposant dispositif d'armes lourdes, y compris des bases de tir de missiles sol-sol. Un arsenal impressionnant qui était là autant pour dissuader l'Irak que pour défendre l'Arabie Saoudite… et le cas échéant pour bouter l'Irak hors du Koweit.
– Ouais, l'armée Saoudienne n'est pas vraiment à plaindre. Dans ce pays, le problème n'est pas tellement de trouver de l'argent pour des projets, mais bien plutôt des projets pour utiliser l'argent, si possible à l'étranger…

Enfin la sentinelle les appela:
– L'aide de camp du commandant est arrivé, il vous attend.
Il leur fallut traverser toute l'oasis pour atteindre le P.C. du Commandant Ramad.
– Je ne sais pas à quoi ressemblait cet endroit avant, commenta le Français, mais j'ai l'impression qu'il a perdu son charme touristique…
Chaque espace entre les petites maisons blanches était occupé par de longues files de tentes militaires, tirées au cordeau, laissant à peine la place nécessaire au passage d'un véhicule. Les soldats s'occupaient à astiquer leurs armes pourtant déjà étincelantes entre deux tours de garde.

Le Commandant était un homme d'une cinquantaine d'années, aux épais sourcils noirs et à l'air peu amène.
A leur arrivée, il était assis à son bureau, grande table métallique jonchée de cartes topographiques et de rapports. Derrière lui, au fond de la pièce, deux officiers de transmission travaillaient, casque sur les oreilles, devant leurs appareils. Tout ce matériel ultramoderne tranchait étrangement avec le cadre rustique et simple des murs passés à

la chaux blanche donnant à l'ensemble une ambiance insolite. Après les avoir toisés longuement en silence, le commandant se décida enfin à leur adresser la parole:
– Lequel de vous deux est de nationalité française?
– C'est moi dit Flavio.
– Puis-je voir votre passeport?
– Non, je suis désolé, il n'est plus en ma possession; je ne l'avais pas sur moi au moment de l'attaque irakienne et quand nous avons été libérés j'ai voulu le récupérer, mais tout avait été pillé...
– C'est ennuyeux... Enfin, et vous dites arriver de Minaguich? Vous étiez nombreux là-bas? Qui était le responsable de ce site?
A nouveau, il leur fallut reprendre le récit de leurs mésaventures, sans omettre les détails...
– Mm... oui, bon; et bien nous allons voir quelle suite donner à votre situation...
– Quand pourrons-nous partir pour Riad?
– Excusez-moi Commandant, intervint l'un des officiers de transmission, un message urgent de Riad; ils attendent la réponse...
– Messieurs, comme vous pouvez le voir, j'ai beaucoup de travail; je vous prie donc de m'excuser. En ce qui vous concerne, je vais en référer à mes supérieurs. En attendant, vous allez pouvoir rester ici quelques jours, puis nous aviserons. Elim, conduis ces hommes dans le secteur sud; qu'il leur soit affecté une tente et tout ce dont ils ont besoin.
Avant d'avoir pu ajouter un mot, Flavio et Adsour se retrouvèrent dehors, encore sidérés par l'attitude du commandant.
– Non mais tu l'as entendu, explosa Flavio, dès que l'ordonnance s'éloigna pour aller chercher la Jeep, il ne croit pas un mot de ce qu'on lui raconte!
Combien de temps il va falloir rester encore à moisir ici... Alors, après les Irakiens, on va devoir «se farcir» les Saoudiens?... J'en ai ma claque du Moyen-Orient, je te le dis!
– Calme-toi, ça va s'arranger, avec ou sans l'accord du commandant...
– Qu'est-ce que tu veux dire?

– Tu verras, dit Adsour d'un air mystérieux, j'ai ma petite idée là-dessus, mais silence, voilà l'autre qui revient avec la Jeep.

❖

Cinq jours s'étaient écoulés depuis l'entretien avec le commandant; Flavio rongeait son frein tout en marchant de long en large devant la tente. Invectivant pêle-mêle Saddam Hussein, le commandant et lui-même d'avoir eu la stupide idée de venir «traîner ses basques dans ce fichu pays». En fait, il s'inquiétait plus pour Marco que pour lui-même.

– Tu te rends compte, Adsour; il est sans nouvelles de moi depuis presque un mois… En France, les médias doivent parler de ce conflit tous les jours… il doit me croire otage, et penser que je risque de me faire tuer par une bombe ou je ne sais quoi… il faut absolument que je puisse lui faire parvenir des nouvelles!

– Si tout va comme je l'espère, tu pourras bientôt l'appeler toi-même…

– Comment ça?

Durant les derniers jours, Adsour s'était absenté à plusieurs reprises sans donner d'explications à son ami.

– Tu te souviens? Je t'ai raconté que j'ai travaillé dans le sud de l'Arabie Saoudite, il y a trois ans; et bien figure-toi que l'autre jour, en sortant du P.C. du commandant, il m'a semblé reconnaître un des soldats… Alors je suis retourné le lendemain traîner dans le secteur et je l'ai trouvé; il se souvient bien de moi et il est prêt à nous aider…

– C'est à dire?

– Il m'a présenté à un des conducteurs du camion de ravitaillement, qui fait le trajet tous les deux jours entre l'oasis et Al-Qaysumah, à une bonne cinquantaine de km au sud, sur la route de Riad. Le chauffeur est prêt à nous emmener demain soir, moyennant une petite participation…

– Tu sais bien qu'on n'a pas un sou…
– Tu crois? Adsour sortit de la poche intérieure de sa veste une grosse liasse de billets.
– D'où est-ce que tu sors cet argent? Tu ne l'a tout de même pas volé?
– Si, aux Irakiens; tu sais j'avais mis longtemps à revenir. C'est parce que j'avais fouillé quelques chambres en plus de la réserve de nourriture… A mon avis, voler des voleurs, ce n'est plus du vol mais de la restitution!
– Tu te rends compte que tu aurais pu te faire prendre; ils n'auraient sûrement pas été tendres…
– Je cherchais tes papiers dans leurs affaires, et puis je suis tombé là dessus… ils avaient dû le voler à je ne sais qui… tu ne voulais quand même pas que je le leur laisse? Et après ils te font de grands discours sur le capitalisme. Mais les billets américains, ils ne crachent pas dessus. De toute manière, heureusement qu'on les a, ces beaux dollars, car j'ai appris les dernières nouvelles par mon ex-collègue…
– Quoi?
– Tu as vu les réfugiés qui arrivent ici depuis deux jours?
Flavio approuva de la tête, difficile de ne pas les voir. Depuis 48 heures, c'était par dizaines qu'ils arrivaient, non seulement des ouvriers, mais aussi des femmes et même des enfants.
– Eh bien?
– Eh bien Riad ne veut pas que tout ce monde se retrouve sur les pistes. Alors ils ont décidé de les cantonner ici. Et dans d'autres camps tout le long de la frontière.
– C'est pas vrai! Il est temps qu'on mette les voiles!
– Je ne te le fais pas dire! Dès demain soir! Il suffira de dépasser le poste de garde, là-bas, et d'attendre le camion, à quelques centaines de mètres, là où la piste est cachée par la dune. On lui fait signe, il nous charge et… salut la compagnie! La sentinelle ne nous posera pas de problème. De ce côté ils sont relax, l'Irak c'est au nord… de toute manière, je suis déjà allé faire ma petite reconnaissance des lieux.
Comme prévu, le lendemain soir, les deux compères franchirent sans trop de mal la ligne de garde (la sentinelle jouait aux dés avec un autre

soldat), et ils se retrouvèrent rapidement à attendre à l'abri des regards. Le désert était calme, la nuit sans lune favorisait leur projet.

Avec la nuit venait aussi une brutale chute de la température. C'était l'heure où le désert s'éveille. Après la chaleur étouffante du jour, les petits rongeurs, les insectes et autres se mettaient en quête de leur nourriture. Depuis six mois, Flavio avait eut le temps de s'habituer à la faune si spéciale, si différente du désert. Il avait eu droit à peu près à tout, les serpents, dangereux ou non, et aussi, à un des sports favoris des ouvriers de Minaguich... le combat de scorpions! Aussi, même s'il craignait toujours autant les rencontres de ce genre, il avait appris à être attentif et à ne pas paniquer.
Le ronronnement d'un moteur leur fit dresser l'oreille.
– Le voilà, tiens-toi prêt!
Le moins qu'on puisse dire, c'est qu'ils n'étaient pas encombrés par les bagages... n'ayant pour eux deux qu'une petite besace, contenant un peu de nourriture et d'eau.
Adsour se plaça en bordure de la piste, bien en vue, et fit le signal convenu au chauffeur dès que la lumière des phares fut sur lui. Le véhicule ralentit en s'approchant, puis soudain, arrivé à leur hauteur, il accéléra brutalement et passa en les frôlant. Adsour tenta de s'agripper, saisissant d'une main une des attaches de la bâche flottant au vent. Mais la prise était trop faible et après s'être fait traîner sur une vingtaine de mètres, il fut contraint de la lâcher... Il se retrouva à plat ventre dans la poussière de la piste, crachant et insultant le chauffeur.
– Quelle crapule! Que je le retrouve, et il va me le payer cher!
– Tu n'as rien? Ça va?
– Non, non, je n'ai rien, tout va très bien! Je viens juste de me faire avoir pour 500 dollars, mais tout va très bien, la vie est belle!
– Bah, tu ne les avais pas gagnés de toute manière...
– Mais tu ne comprends donc pas? Sans argent nous sommes fichus! Il avait augmenté son prix ce matin quand je l'ai revu, à cause des dernières nouvelles. Il disait que cela lui faisait prendre de gros risques de nous emmener... Je lui ai tout donné...

Flavio s'efforça de garder son calme, il prenait soudain la mesure de leur situation… et il sentait son optimisme l'abandonner, comme si tout à coup un piège venait de se refermer sur eux…
– Ça, on peut dire qu'il n'en n'a pas pris, des risques, en nous laissant sur le bord de la piste; il n'a pris que les bénéfices… Demain je retournerai voir Ramad, il faudra bien qu'il m'écoute! Et j'exigerai de contacter l'ambassade de France à Riad.

De mauvaise grâce, le Commandant Ramad consentit à le recevoir le lendemain après-midi. Mais pour en arriver là, il lui avait fallut faire du tapage jusque devant son bureau.
– Bon, que voulez-vous encore?
– Comment ce que je veux! Je veux partir d'ici dans les deux heures, et pour cela contacter mon ambassade à Riad. J'exige que vous mettiez tout en œuvre pour mon rapatriement!
– Vous exigez! Mais qui êtes-vous donc pour exiger? C'est moi ici qui ai autorité pour exiger et j'ai aussi le devoir d'obéir aux ordres de mes supérieurs. Ceux-ci sont clairs: garder tous les réfugiés ici en attendant que la situation évolue favorablement. En pleine manœuvres, on n'a pas besoin de se trouver avec des centaines d'hommes, de femmes, d'enfants encombrant les pistes et errant sans moyen de subsistance! Ces décisions ont été prises pour le bien de tous et seront respectées par tous. Ici vous avez de la nourriture, de l'eau et une tente, bref tout le nécessaire.
– Laissez-moi au moins contacter mon ambassade, signaler ma présence ici, ma famille doit s'inquiéter pour moi!
– Nos lignes sont réservées à un usage strictement militaire; comprenez que je n'ai rien contre vous en particulier, mais je ne peux pas me permettre de recevoir les doléances de tout le monde!
Je ne ferai exception ni pour vous ni pour un autre, ici c'est un P.C., pas un bureau d'aide humanitaire.
– Je comprends surtout que vous n'êtes qu'un officier borné qui ne veut rien entendre!

– En voilà assez! Je vous préviens que ce n'est plus la peine de venir m'importuner! Vous avez de la chance de ne pas être un de mes soldats; pareille insulte vous aurait conduit en court martiale! Pour qui vous prenez-vous à la fin? Parce que vous êtes européen on devrait vous traiter différemment des autres? Croyez-vous que les personnes autour de vous n'ont pas de famille qui s'inquiète? Que vous êtes le seul à souffrir? Ç'en est assez! Elim! Ramène cet homme à sa tente et qu'il y reste!

Flavio se sentait un peu groggy. Une fois de plus l'horizon était noir, et ses espoirs de retour envolés…
C'est le cœur las qu'il rejoignit Adsour. Celui-ci ne posa aucune question, rien qu'à l'expression du visage de Flavio, il avait tout compris…
– Il n'a rien voulu entendre…
Adsour jetait machinalement des petits cailloux contre le tronc d'un arbre, à côté de la tente; ils faisaient un bruit sec en frappant l'écorce, puis roulaient dans la poussière. Flavio le regardait faire et il avait l'impression d'être lui aussi l'un de ces petits cailloux que la vie avait lancé sur ce front de guerre. Il avait roulé et s'était perdu dans la poussière du désert… Qui pourrait bien venir l'y chercher maintenant pour l'en sortir?

Chapitre IV

La rentrée

– Salut Marco! Damien balança une bourrade amicale à son copain; alors, pas trop courbaturé?
– C'est plutôt à toi qu'il faut le demander, non?
– Tu parles! Quelle chute!
Marco se mit à rire:
– Pour une chute, elle était belle; et après, coincé au fond du fossé, tu avais l'air d'un insecte qui bat désespérément l'air de ses pattes pour se remettre d'aplomb!
– Ç'est ça, moque-toi de moi; en attendant heureusement qu'il y avait Alain pour venir à mon aide, parce que toi tu étais trop occupé à rire!
Tout en bavardant, les deux amis étaient arrivés à la station de bus. Aujourd'hui 11 septembre était le jour de la rentrée scolaire. Mais pour Marco, c'était surtout le 42e jour depuis l'offensive irakienne…

– Tu sais qui sera notre prof de maths cette année?
– Non, peut-être Monsieur Trévier, il est sympa…
– En tout cas, dommage qu'on n'ait pas Alain comme prof de gym; j'ai bien cru qu'il ne s'arrêterait jamais hier, je commençais…

Marco écoutait Damien d'une oreille distraite, tout en regardant défiler voitures et immeubles à travers la vitre du bus. Ni la complicité de Damien ni la sympathie affectueuse d'Alain, (qui n'avait cessé de les emmener à droite et à gauche depuis un mois) n'empêchaient ses pensées d'être toujours loin, très loin, en direction du Sud-est; là où son père était prisonnier, quelque part au Koweit…

«Eh! Tu viens Marco? On y est!» Marco revint à la réalité et s'aperçut qu'en effet il était arrivé à destination: le collège, les portes ouvertes à deux battants, était à deux pas et la foule multicolore des élèves s'y pressait dans un grand bruit de salutations et de plaisanteries.

❖

– C'est pas vrai! Non mais tu as vu la liste des fournitures?
Damien était exaspéré; c'est pire chaque année, bientôt il nous faudra un caddie de supermarché pour venir en classe, pas un cartable... Tu viens à la maison ce soir?
– Non, pas ce soir, dit Marco, Tata Tina m'a dit qu'un gars de la Darbo-Petroleum devait passer à la maison cet après-midi, peut-être qu'il a eu des nouvelles... en tous cas, je l'espère!
– O.K., alors à demain?
– A demain.

D'un pas vif, Marco franchit les quelques centaines de mètres qui séparaient l'arrêt de bus de l'entrée de son immeuble. Mme Julienne, la concierge, était comme toujours postée en observation, en face des ascenseurs. Son chat gris, assis à ses pieds sur le paillasson, lissait soigneusement son poil.
– Tiens le petit Marco, elle s'est bien passée cette rentrée?
– Oui, oui, très bien merci, répondit-il machinalement en appelant l'ascenseur.
– Qu'il est donc lent à venir, pensa-t-il, je ferais mieux de prendre l'escalier.
Arrivé sur le palier, il n'eut pas le temps d'ouvrir la porte de l'appartement que déjà lui parvenaient les éclats de voix d'une dispute éclatant à l'intérieur.
– Oh non, ils ont recommencé!
Sans même tendre l'oreille, il entendit son oncle tonitruer:
– Et qui va payer pour le môme maintenant, hein? Ah, c'est facile, pour eux à la Darbo! Il avait bonne mine le gars dans son beau costard:

«M. Messina étant retenu au Koweit; il ne peut donc venir prendre son poste ici, nous nous voyons donc obligés de suspendre son salaire jusqu'à son retour, mais bien entendu le contrat reste acquis...» Un beau crétin ce type, oui! Je te parie qu'on ne va rien toucher du tout, et que l'assurance dont il nous a parlé ne couvrira même pas le risque de guerre; d'ailleurs, il a bien dit qu'il ne savait pas si c'était inclus, non? C'est encore nous qui allons casquer, comme d'habitude, si ça se trouve, il ne reviendra jamais ton cinglé de frère, et le gosse on se le retrouve sur les bras!
– Comment est-ce que tu peux dire des choses pareilles!
Marco était pétrifié; il entendit Tina ajouter:
– Marco est un fils pour moi, tu entends, un fils. Et de toutes façons, avoue que tu étais bien content de les voir arriver les salaires de Flavio, ils remplaçaient avantageusement ceux que tu ne gagnes pas!
– Dis que c'est ma faute si j'ai été licencié aussi!
– Non, mais tu ne fais rien pour retrouver du travail, et ça je le dis! Tu préfères passer ton temps au bistrot!
– Tais-toi, vieille folle! hurla encore la voix de l'oncle Robert, puis il y eut un bruit de verre cassé. Marco en avait assez entendu, la tête bourdonnante, il descendit les escaliers quatre à quatre, et sortit en courant de l'immeuble, non sans avoir au passage bousculé Mme Julienne et son chat qui s'enfuit en miaulant.
Courant toujours, Marco rejoignit Damien qui musardait devant la vitrine du magasin de sport en bas de chez lui.
– Damien! Attends!
Damien, plein d'espoir leva les yeux:
– Tu as des nouvelles?
Marco hors d'haleine secoua la tête:
– Ils ont remis ça… je ne suis même pas entré.
Damien hocha la tête d'un air désolé; il comprenait son ami à demi mot… tout allait de travers dans le couple de Tina et Robert, les disputes succédaient aux disputes.
– T'en fais pas va… Au fait, j'ai oublié de te le dire, mais maman a enfin fait développer les photos de la colo, on va les voir?

– Regarde celle-ci, tu te souviens? On avait fait une bataille de polochons dans le dortoir… Quel carnage… on en avait crevé un!
– Même qu'Alain ne nous avait pas raté; trois jours de corvées en punition!
Les deux ados étaient confortablement installés sur le lit de Damien, un morceau de gâteau au chocolat dans une main, un verre de limonade à portée de l'autre… La porte de la chambre s'ouvrit, et le visage rond et souriant de Mme Santonny apparut dans l'encadrement.
– Alors les enfants, tout va bien?
– Oui m'man…
– Merci Madame, le gâteau est délicieux!
Marco aimait beaucoup la mère de Damien qui d'ailleurs le lui rendait bien. N'ayant pas eu d'autre enfant que son Damien, elle était heureuse qu'il ait un ami comme Marco. Patrick son mari et Flavio, le père de Marco, étaient amis de longue date; aussi pour Marco la porte était toujours ouverte.
– Tu restes manger avec nous?
– Merci, mais je ne crois pas; on a repris les cours, et Tata Tina n'aime pas que je me couche trop tard.
– Bien sûr, elle a raison.
Jeanne Santonny referma la porte avec un soupir…
– Qu'il a l'air triste, pensa-t-elle, si jeune et déjà tant de malheurs: sa mère disparue et maintenant son père retenu en otage…
La porte d'entrée s'ouvrit et la voix enjouée de son mari retentit:
– Bonsoir, je suis déjà là!
– Tu as fini tôt ce soir!
– Oui, nous sommes allés voir un chantier et je me suis fait déposer au retour… Pour qui emballes-tu ces parts de gâteau? Il a l'air délicieux ajouta-t-il en subtilisant un morceau au passage…
– C'est pour Marco; il est en train de regarder les photos de la colo avec Damien.
– Il en a de la chance, tu le gâtes… mais tu as bien raison.
– Crois-moi, j'aimerais bien lui offrir autre chose que des parts de gâteau. Le retour de son père par exemple…

– Je sais ma chérie, moi aussi. Le visage de Patrick Santonny se crispa un peu.
– Tu sais, ce que tu fais, c'est déjà bien. Bon, moi aussi je veux les voir ces photos! Et sans plus tarder il se dirigea vers la chambre de son fils.
– Salut les garçons! Alors? Il paraît qu'il y a quelque chose à voir par ici?
– Salut p'pa, tiens regarde! J'ai dit à Marco qu'il pourrait garder celle-là!
– Voyons? Ah oui, tu es très bien là-dessus, approuva Patrick en prenant la photo sur laquelle on pouvait voir Marco, fièrement campé sur le dos de Perle.
– Alors la voilà cette jument dont vous nous avez rebattu les oreilles à votre retour. Tu as de l'allure en cavalier, Marco!
Marco rougit légèrement sous le compliment.
– Chérie, viens voir! appela Patrick.
– Quoi donc? Ah oui, elle est très réussie, tu as appris à monter à cheval Marco, tu ne nous l'avais pas dit!
– Oui, un peu, en Camargue avec papa… La voix de Marco s'étrangla, il avala difficilement sa salive, reprit la photo.
– Je… Il faut que je rentre maintenant, ajouta-t-il précipitamment en se dirigeant vers la porte.
– Attends, prends ces gâteaux, dit Jeanne en lui tendant le paquet qu'elle lui avait préparé.
Marco le prit et disparut en bafouillant quelque chose qui ressemblait vaguement à un remerciement.
Jeanne referma la porte sur lui; elle se rendait compte que sans le vouloir, elle avait mis «les pieds dans le plat». Damien lui lança un regard de reproche.
– Mon chéri, je ne pouvais pas deviner qu'il avait fait du cheval avec son père…
– Mais non, tu ne pouvais pas le deviner, dit Patrick, réconfortant, et, se tournant vers Damien il ajouta:
– Toujours aucune nouvelles?
– Non papa, rien.

Marco s'arrêta en bas de l'immeuble de Damien et s'assit sur la marche de la porte d'entrée; il avait la gorge nouée et son cœur battait trop fort. Il défit le paquet, et, un morceau après l'autre, se mit à dévorer; pas par faim, mais plutôt pour compenser l'angoisse qui l'avait saisi lorsqu'il avait mentionné son père… Les paroles de Robert ne cessaient de tourner dans sa tête: «Et si ça se trouve, il ne reviendra pas…» Un long moment, Marco resta là, assis, indifférent au va et vient de la rue. Finalement, il emballa le seul morceau restant et, d'un pas traînant, il remonta la rue jusque chez lui.
Tout était calme à nouveau lorsqu'il pénétra dans l'appartement.
«Il est parti au bistrot», pensa Marco.

Il entendit du bruit dans la cuisine et s'y dirigea.
– Tata, tu es là?
Accroupie devant la fenêtre, Tina ramassait tant bien que mal les débris de verre et de vaisselle qui jonchaient le sol.
– Tata, est-ce que ça va? questionna-t-il, soudain inquiet.
Lentement, Tina se releva, repoussant d'une main lasse les mèches échappées de son chignon.
– Oui... ça va…
– Tata, mais…
Les mots lui manquèrent en voyant le visage de sa tante, tout tuméfié, la lèvre inférieure éclatée et la pommette gauche gonflée qui commençait à bleuir.
– Tata, mais qu'est-ce qui t'est…
Soudain, en une seconde, Marco saisit: Robert!…
Il l'avait frappée!
– C'est lui qui t'a fait ça, hein, il t'a frappée! Ce sale ivrogne!
Marco était rouge de colère et de haine.
– Tais-toi petit, calme-toi, il… il ne savait plus ce qu'il faisait, on s'est disputés…
– Il était saoul, oui, sale brute! Je le déteste! Je vais lui faire payer, il va voir!
– Marco! Tais-toi! C'est mon mari, il n'est pas méchant…

– Pas méchant! Mais tu ne t'es pas regardée dans une glace! Il aurait pu te tuer, oui, je le hais!
Tina le saisit fermement par les poignets:
– Tais-toi! Je ne veux plus entendre ces mots dans ta bouche, toi aussi tu veux devenir violent, comme lui?
Un instant leurs regards se croisèrent; leur détresse aussi et ce fut Marco qui craqua. D'un seul coup, il s'effondra dans les bras de Tina, pleurant toutes les larmes trop longtemps contenues. Tina le berça doucement, longtemps, et c'était un peu sa propre peine qu'elle consolait.
– Pleure, mon chéri, pleure, les larmes lavent le cœur… Allons viens t'allonger, et te reposer; moi il faut que je parte au travail…
Marco se laissa coucher et border comme un petit enfant.
– Mais ton visage, qu'est-ce qu'ils vont dire?
– Bah, tu sais, en général je ne vois personne. Et puis ils peuvent bien penser ce qu'ils veulent, je m'en moque.
Après une dernière embrassade, elle ajouta:
– Allez maintenant dors, à demain…
Le soleil s'était couché et sur le ciel flamboyant se détachaient quelques nuages écarlates, illuminés par les derniers rayons, baignant la chambre d'une lueur d'or et de feu.
– Tata?
– Oui?
– Sur la table, je t'ai rapporté un morceau de gâteau…
Tina ne dit rien, mais autant que le lui permettait sa lèvre, elle esquissa un sourire…
Marco s'endormit comme une masse, tandis que dehors, lentement, la nuit tombait sur la ville.

Chapitre V

Un automne pas comme les autres

Le radioréveil se mit en marche et la voix nasillarde du commentateur jaillit dans la petite chambre claire:
– Bonjour! Il est huit heures, voici les principaux titres de l'actualité. A l'étranger tout d'abord, rien de nouveau dans le Golfe, malgré les dernières résolutions prises par l'O.N.U., Saddam Hussein refuse toujours de relâcher les otages occidentaux qui…»
Une main tâtonnante sortit de sous la couette et, ayant trouvé le bouton «arrêt», l'appuya fermement. Avec un soupir, Typhaine se retourna, rabattant son oreiller sur sa tête pour se protéger des rayons du soleil filtrant par les rideaux entrouverts.
– Oh… encore cinq minutes, pensa-t-elle, j'ai tellement sommeil...
La vérité c'est qu'elle n'avait pas vraiment envie d'entamer cette journée; il allait lui falloir tout son courage et toute sa détermination pour annoncer sa décision à sa famille…
«Papa, Gil et Nathalie feront sûrement un peu la grimace au départ, et puis ça s'arrangera… mais maman…» Allez ma fille! Il faut savoir ce que tu veux s'encouragea-t-elle mentalement, en repoussant draps et couette. D'un geste vif, elle alla vers la fenêtre et écarta les rideaux roses. Un flot de clarté se répandit dans la pièce. Quelques instants, la jeune femme resta là, à regarder ce paysage familier qu'elle aimait tant. Devant elle, le St-Laurent, resplendissant dans la lumière matinale et dont les courbes majestueuses étaient soutenues par les couleurs chatoyantes des forêts automnales. Au loin, vers le sud, noyée dans la brume, c'était Québec, la fière cité francophone. Au nord, à perte de vue, Le Parc national des Laurentides, le «domaine de Gil» comme elle aimait à le surnommer. Gil, son frère, faisait partie de la garde à cheval

du Parc; il le parcourait chaque jour, surveillant la faune, la flore, les braconniers, et… les touristes.

Typhaine secoua ses courtes boucles rousses. «Poil de carotte», avait été son surnom dès l'enfance, et jusqu'en fac de médecine.

Elle sourit, pensant aux colères terribles qu'elle prenait, petite, quand Gil la taquinait de ce surnom.

Rapidement, elle se prépara. Il n'y avait pas de temps à perdre si elle voulait être à l'heure à l'office.

Dans la famille Roy on ne plaisantait pas avec l'exactitude. Ses parents, Antoine et Catherine, avaient tout fait pour la lui inculquer, sans grand résultat d'ailleurs…

Antoine Roy était depuis plus de trente années le pasteur d'une petite église baptiste du centre de Québec. Durant toute son enfance, Typhaine avait usé ses jupes sur les bancs de bois, chaque dimanche. Puis l'oiseau s'était envolé. Huit ans à Toronto, partagés entre la fac et un poste d'interne à l'hôpital universitaire, puis deux ans de spécialisation en médecine de première urgence et traumatologie, au Québec cette fois, pour finir par un stage de trois mois à Paris où elle avait eu l'occasion de collaborer avec le SAMU ainsi qu'avec l'équipe de première urgence et médecine de catastrophe qui s'était tout spécialement illustrée quelques années auparavant avec le département cynophile, lors du tremblement de terre de Mexico.

C'était dans le cadre d'un programme de stage et d'échange entre les deux pays. Cela avait été un temps riche d'expériences, et une bonne conclusion à ses études.

Maintenant, de retour au Canada depuis quelques jours à peine, elle se rendait compte à quel point ces années avaient passé vite. A l'aube de ses trente ans, elle était arrivée à un carrefour de sa vie.

Au volant de sa petite voiture, elle se faufila dans la circulation dense. L'air était vif, les premières gelées étaient déjà là. Elle atteignit sans encombre, une demi-heure plus tard, le centre ville.

La congrégation entonnait le premier cantique lorsque Typhaine se glissa dans la salle. Sa mère, qui guettait son arrivée, lui adressa un sourire plein de tendresse. Typhaine le lui rendit.

«Si frêle mais si forte» avait coutume de dire son père. Catherine Roy portait allègrement la cinquantaine, avec ses cheveux auburn, qu'elle portait dignement, ramenés en torsades sur la nuque.
«Elle a mis la robe des grands jours» pensa Typhaine amusée. Cela lui laissait présager de l'accueil qui lui serait réservé pour fêter son retour et la fin de ses études…
Le cantique terminé on s'assit et Antoine se mit à prêcher.
«Avec force et conviction, comme toujours» pensa la jeune femme avec émotion.
Nettement plus âgé que son épouse, son père approchait de la retraite et ses cheveux avaient blanchi, rendant plus perçant encore son regard bleu, ce regard, qui impressionnait tant Typhaine enfant. «Qu'il fait bon se retrouver là, et revoir tous ces visages familiers…»
Gil, qui était assis avec sa femme deux bancs plus loin, se retourna pour lui adresser un clin d'œil complice. Gil… c'était le géant de la famille, 1,93m 98 kg (environ), toujours le sourire aux lèvres et le cœur sur la main. Quand à sa femme, petite blonde vive et volontaire, elle le menait «par le bout du nez»… Ils attendaient leur premier enfant, à naître en février prochain. Catherine allait enfin être grand-mère!
Elle avait toujours déploré la longueur des études de Typhaine:
– Mais quand te marieras-tu? Tu as toujours le nez dans les livres, une jolie fille comme toi!
Typhaine avait l'habitude de faire la sourde oreille:
– Maman, je suis bientôt au bout, je ne vais tout de même pas tout laisser tomber maintenant, surtout pas pour me marier!

Après une prière d'action de grâces, l'office se termina, et toute l'attention ou presque se reporta sur elle.
– Alors est-ce que tu as fait bon voyage?
– Toutes nos félicitations pour ton diplôme!
– Typhy, sœurette! Viens ici que je t'embrasse!
Avant d'avoir eu le temps de dire «ouf», Typhaine se sentit soulevée dans les airs par les bras robustes de Gil.
– Arrête! Tu m'étouffes! s'écria-t-elle en riant.

Gil la reposa. Chacun autour d'elle y allait de sa question, de sa salutation; cela fusait de toutes parts. Il lui fallut raconter son voyage, le séjour, montrer les photos…
Finalement, après avoir salué et embrassé chacun, la famille Roy se retrouva enfin à l'étage, devant un de ces repas de fête dont Catherine avait le secret.

«Comme ils m'ont tous manqué…» pensa Typhaine alors qu'ils étaient tous confortablement installés autour de la grande table ovale.
– Alors Typhy, finies, les études? demanda Gil tout en engloutissant une troisième tranche de gigot, tu nous as manqué tu sais?… Tiens j'ai une idée, tu vas postuler comme médecin de notre bataillon, comme cela, je te verrai souvent!
Typhaine sourit:
– Tu ne sembles pas vraiment avoir besoin d'un médecin. Par contre, ajouta-t-elle avec un clin d'œil à Nathalie, j'espère que vous avez un bon vétérinaire?
– Oui, le meilleur, pourquoi?
– Parce que tu as encore grossi depuis mon départ, et ton cheval, lui, a dû s'en apercevoir!
Gil rit de bon cœur:
– Touché! Je vois que ton séjour en France ne t'a pas coupé la langue. Je vais me mettre au régime, promis… Demain! Parce que aujourd'hui ton repas est vraiment trop délicieux maman!
Les conversations allaient bon train autour de la table, les plats défilaient tous plus succulents les uns que les autres. C'est finalement Nathalie qui posa la question qu'attendait et redoutait en même temps Typhaine:
– Alors? Quels sont tes projets maintenant? Que vas-tu choisir, Québec, Trois-Rivières? Avec le «bagage» que tu as, les propositions ne doivent pas te manquer?.
Typhaine sentit son estomac devenir un peu lourd, et ce n'était sûrement pas à cause de la chantilly du dessert…

– Je… en fait c'est vrai j'ai eu plusieurs propositions, toutes intéressantes; mais finalement c'est pendant mon séjour en France que j'ai pris ma décision.
– Ah oui? dit Catherine avec un sourire satisfait.
– Eh bien, avant ce stage, je pensais effectivement opter pour Trois-Rivières; le professeur Lamarre est quelqu'un que j'apprécie beaucoup, mais…
Tous les regards étaient braqués sur elle et Typhaine savait que le moment était venu de se jeter à l'eau.
– Voilà, reprit-elle, pendant mon séjour à Paris, j'ai rencontré une jeune femme médecin, comme moi, une Australienne, chez un collègue du stage. Elle allait partir exercer à l'étranger, par le biais d'une association de médecins qui s'appelle I.M.C. «International Medical Corporation». C'est une organisation américaine à l'origine, à but humanitaire; elle envoie des médecins un peu partout dans le monde, sur les lieux de catastrophes, de famine, etc…
Typhaine senti que l'atmosphère se faisait un peu lourde autour de la table.
– Nous avons longuement parlé avec Keren, ma collègue australienne et j'ai su tout de suite, que c'est ça que j'avais envie de faire!
«Ouf» la bombe était lâchée…! Typhaine n'osa pas tout de suite lever les yeux vers sa mère. Il y eut un long silence… tous étaient stupéfaits! Pour le coup, Antoine était resté la fourchette en l'air. Quant à Catherine, elle avait porté la main à sa poitrine et était devenue toute pâle. Profitant du silence, Typhaine continua:
– Oui, voyager, aller là où est l'urgence, apporter le secours médical à ceux qui sans cela seraient perdus…
– Mais enfin des malades qui ont besoin de tes compétences, ce n'est pas ce qui manque ici, intervînt sa mère, qui avait retrouvé sa présence d'esprit. Pourquoi veux-tu encore nous quitter pour aller je ne sais où?
– Maman, je ne veux pas vous quitter, mais comprends qu'ici, il y a plus d'un médecin pour cinquante habitants, alors que là où travaille I.M.C. il y en a un pour 500, voire pour 5000…

– Je te crois, cette association est sûrement très utile, mais pourquoi ce changement brutal, ce coup de tête? dit son père, tu ne nous avais jamais parlé de cela auparavant...
– Je sais; avant tout me paraissait aller de soi, tout était si simple, ma carrière, être ici avec vous tous... et puis quand j'ai parlé avec Keren, ce qu'elle m'a dit m'a fait prodigieusement envie. Tu comprends, ici, le fait que je prenne un poste ou non, n'influera pas sur la vie des gens, alors qu'au sein de cette organisation, je serai réellement utile. Et je suis persuadée que cela m'enrichira aussi à tous points de vue... Si je n'y vais pas maintenant, je laisserai passer une occasion unique que je ne retrouverai sans doute jamais. Car une fois installée dans un service, dans une routine, je n'en sortirai probablement plus. Je veux aller là où ma présence peux influer les circonstances dans le bon sens!
Antoine secoua la tête, dérouté: était-ce bien sa fille, cette jeune femme déterminée et sûre d'elle même? Oh, bien sûr, c'était les mêmes yeux verts pétillants, les mêmes taches de rousseur, le même petit nez en trompette. Les tresses de petite fille avaient laissé la place à de courtes boucles:
«C'est plus pratique pour travailler, papa». Mais ce qui était nouveau, pour lui, c'était cette ardeur, ce feu dans ses propos...
Typhaine reprit:
– Tu te souviens, papa, quand nous étions petits, tu nous racontais souvent les histoires de la Bible, le soir avant d'aller au lit: le bon samaritain, les miracles de Jésus qui allait de lieu en lieu, faisant du bien et guérissant tous ceux qui étaient malades, aidant ceux qui n'avaient plus d'espoir? Eh bien, moi aussi je veux faire la même chose. Si je ne peux pas faire de miracles, je peux du moins apporter à ceux qui sont démunis mon savoir faire, mes connaissances et les moyens que me donne la médecine moderne...
– Mais tu ne songes donc pas à te marier, plaida Catherine, à fonder une famille...
– Si, sûrement, un jour... Mai j'ai déjà trente ans. Et puis l'homme idéal, je ne l'ai pas encore rencontré...ça ne veut pas dire que je ferai ce travail toute ma vie, mais disons quelques années. J'ai besoin d'al-

ler sur le terrain. Les couloirs d'hôpitaux, les salles de conférences, j'en ai assez vu. J'ai besoin de voir autre chose, est-ce que vous me comprenez, papa, maman?
Antoine se leva et vint jusque vers elle; il lui prit les mains dans les siennes:
– Si c'est ça que tu as sur le cœur, alors fais-le! Approuva-t-il. Bien sûr, ta mère et moi, nous préférerions t'avoir près de nous, mais je comprends ce que tu ressens... Alors va, et que Dieu soit avec toi!
Typhaine lui sauta au cou.
– Et toi maman, tu ne dis rien?
– Je comprends... mais disons que j'ai besoin d'un peu de temps pour me faire à cette idée .
– Merci de me comprendre, merci!
Mère et fille s'embrassèrent. Gil donna une bourrade à sa sœur:
– Allez, petite sœur, porte le flambeau de la médecine humanitaire!
Avec un léger tremblement dans la voix, Catherine questionna:
– Et tu penses t'engager quand dans cet organisme?
– En fait, c'est déjà fait maman, j'ai signé mon contrat à Paris, et j'ai reçu hier mon premier ordre de mission...
– Et... où vas-tu?
– Dans le Golfe, il y a des camps de réfugiés à la frontière entre l'Irak et l'Arabie Saoudite...

❖

– Tiens, voilà le livreur qui arrive.. dit Adsour.
Flavio leva la tête et son regard, par-dessus la mer de tentes, suivit le camion citerne qui, un jour sur deux, venait ravitailler le camp.
– Il est presque en avance, railla-t-il. Et puis même, on a le temps hein?
Neuf longues semaines s'étaient écoulées depuis leur arrivée à Hafar, durant lesquelles leur espoir de liberté s'était peu à peu évanoui...
D'ailleurs, au bout de deux semaines, devant l'afflux massif de réfu-

giés, un périmètre délimité par des barbelés avait été établi. Ils étaient parqués là comme du bétail. Une fois par jour on leur distribuait un repas, (le riz et les haricots de l'aide humanitaire avaient peu à peu remplacé les rations militaires des premiers jours) et quelques litres d'eau par personne; voilà ce qu'était devenu leur quotidien. D'autant plus difficile à supporter qu'ils n'avaient aucun moyen de savoir quelle serait la durée de leur séjour. Au début, on leur avait assuré que ce n'était qu'une question de jours, voire d'une ou deux semaines... neuf étaient passées et rien n'avait changé. Le moral de Flavio n'était guère brillant pour toutes ces raisons et aussi parce qu'il ne cessait de s'inquiéter pour Marco. A plusieurs reprises, il avait essayé de faire parvenir un message à l'ambassade de France à Riad, par l'intermédiaire des sentinelles; mais n'ayant plus d'argent, ses tentatives étaient restées vaines.

Adsour et lui avaient beaucoup maigri, la barbe leur mangeait les joues, ils étaient méconnaissables. Cependant ils demeuraient relativement en bonne santé, ce qui était déjà presque un exploit. En effet, des dizaines de réfugiés étaient atteints par diverses épidémies, à cause du manque d'hygiène, de la promiscuité et du manque total d'installations sanitaires... Par chance, cet automne 1990 était sec et tempéré...

A tout cela s'ajoutaient aussi de vives tensions entre les réfugiés; les conditions de vie et l'oisiveté forcée favorisaient l'exaspération et une agressivité croissante. Il n'était pas rare de voir éclater des bagarres, parfois sanglantes, pour des peccadilles, qui, en d'autres lieux, n'auraient pas eu de conséquences... Il y avait le vol aussi, très fréquent. De ce côté là, les deux amis ne craignaient pas grand chose: leurs biens se résumaient à une tente, leurs vêtements, une assiette et une cuillère chacun... Le seul bien réellement important en leur possession c'était leur bidon pour l'eau.

– Bon, je vais au ravitaillement, dit Adsour, en empoignant le fameux bidon, tu gardes la tente?

Flavio opina d'un signe de tête. Adsour s'éloigna de son pas lourd et

cadencé, contournant les tentes, pour atteindre l'emplacement où s'était arrêté le camion citerne. Une longue file d'attente s'était déjà formée. Au moment où Adsour venait s'y ajouter, une bousculade se produisit.
De là où il était, Flavio distinguait mal se qui ce passait; mais, saisi d'un pressentiment, il se dirigea à son tour vers le camion. Quand il l'atteignit, un attroupement s'était formé autour de deux hommes. Ils étaient de taille très différente. L'un deux était petit et frêle, sa peau cuivrée indiquait qu'il était probablement d'origine indienne. Quant à celui qui voulait s'emparer du bidon d'eau déjà rempli, (car c'était bien de cela qu'il s'agissait) il était grand et costaud. Flavio l'avait déjà vu à l'œuvre à plusieurs reprises. C'était un Egyptien nommé Achim. Il s'était jeté sur le petit jeune homme et le terrassait de tout son poids. Il allait s'emparer du bidon quand soudain un troisième homme surgit dans le cercle, bousculant l'Egyptien, qui lâcha prise.
Flavio réprima un cri en reconnaissant Adsour.
Achim retrouvant son équilibre fit face à son nouvel adversaire. Quand au jeune Indien, il ne demanda pas son reste et s'enfuit rapidement avec son précieux bidon. L'Egyptien était furieux. Il mit la main à sa poche et un éclair jaillit.
– Adsour! Attention! Il a un couteau!...
Flavio voulut s'élancer à son tour dans la mêlée, mais deux paires de bras coupèrent net son élan, tandis qu'une voix murmurait à son oreille:
– Reste tranquille, pour une fois qu'on peu s'amuser un peu, tu ne vas pas nous gâcher le plaisir!
Les deux hommes se faisaient face, tournant lentement dans la poussière, les yeux dans les yeux, chacun essayant de prévoir l'attaque de l'autre... Tout autour d'eux l'attroupement ne cessait de grandir, et les commentaires allaient bon train:
– Vas-y Achim, fais-lui quelques boutonnières...
– Costaud comme tu es, tu n'en feras qu'une bouchée!
Achim, d'un geste vif plongea en avant, couteau menaçant. Adsour, d'un mouvement souple esquiva. La ronde reprit. L'Egyptien poussait

des cris rauques, comme l'aurait fait un fauve. Adsour lui était étonnement calme. Il para une deuxième attaque avec l'agilité d'un chat. Autour, les esprits commençaient à s'échauffer:
– Alors quoi, il te fait peur le Marocain?
Une troisième fois Achim bondit. Adsour ne se contenta pas cette fois d'éviter le coup, mais profitant d'un angle ouvert dans la garde de son adversaire, il lui appliqua un revers bien senti!
Des cris d'excitation fusèrent…
«Ils sont tous fous, pensa Flavio, il faut absolument les arrêter, sinon, ça va mal finir».
Mais le poste de garde était à plus de deux cents mètres, et de toute manière, les soldats en faction préféraient en général ne pas se mêler aux rixes qui éclataient dans le camp. Achim avait eu la lèvre fendue sous l'impact du coup d'Adsour et cela semblait décupler sa rage. A nouveau il tenta l'attaque. Il y eut un bruit de tissu déchiré: la lame avait fendu la chemise de bas en haut… Flavio invectivant ses «gardes du corps» parvint à se dégager. Une seconde Adsour croisa son regard… Une seconde de trop. Achim en profita: déjà, il était sur lui. Flavio vit briller la lame dans le soleil, puis elle disparut. Adsour poussa un cri, tituba et s'effondra, la main sur son côté gauche.
– Adsour!
Flavio bondit et attrapa le bras d'Achim qui s'apprêtait à porter un nouveau coup. Une voix cria:
– Voilà les soldats!
Achim, lui, essayait de se dégager, mais Flavio tenait bon. Tout à coup, il ressentit une douleur violente au niveau du front, accompagnée d'un grand bruit sec… et tout sombra dans l'obscurité…

Chapitre VI

L'Arabie Saoudite

«Mesdames et Messieurs, nous allons atterrir à Riad dans 10 minutes; veuillez s'il vous plaît attacher vos ceintures. La température extérieure est de 28°; nous espérons que vous avez fait bon voyage sur ce vol 3712 de Canada Aires-Lines, et nous vous souhaitons un bon séjour en Arabie Saoudite… Ladies and Gentlemen, we…». La voix suave de l'hôtesse de l'air continua son petit monologue… Typhaine, confortablement installée dans son siège, admirait le paysage, les couleurs si différentes de ce qu'elle avait connu jusque là…

Elle avait quitté Québec en fin de nuit et après une escale à Paris à l'heure du petit déjeuner, elle avait vu défiler le patchwork irrégulier de la campagne française, l'azur de la Méditerranée, et enfin, les tons ocre et ambre de la péninsule arabique. Le temps était superbement clair. Bref, le voyage avait été très agréable. L'appareil survolait maintenant ce qui devait être, pensa-t-elle, la «banlieue» de Riad: myriades de petits cubes blancs parsemés de quelques points verts… L'avion s'inclina pour virer de bord et se mettre dans l'axe de la piste d'atterrissage. C'est alors qu'elle aperçut plusieurs dômes aussi majestueux qu'étincelants: des palais princiers ou des mosquées probablement, plusieurs minarets aussi, élevés tels des sentinelles vers le ciel…

L'atterrissage se fit sans encombres. Après avoir récupéré ses bagages et être passée par le contrôle douanier, Typhaine se dirigea vers le hall d'entrée, à la recherche de son contact. A peine descendait-elle l'escalier roulant qu'elle le vit: un homme grand, au teint basané qui exhibait une pancarte affichant les initiales attendues: I.M.C.

Elle se dirigea vers lui, le sourire au lèvres:
– Bonjour, je suis Typhaine Roy! lui dit-elle en Anglais, langue qu'elle maîtrisait parfaitement pour l'avoir pratiquée durant toutes ses études à Toronto.
– Enchanté, répondit l'homme en lui donnant une chaleureuse poignée de main. Mon nom est Salvatore Manillas, alors, c'est vous la relève?
– Oui, j'ai déjà mes bagages, je vous suis…
– O.K., pour ce soir, nous resterons sur Riad, nous devons prendre livraison d'un nouveau véhicule demain, lui expliqua-t-il.
– Vous êtes américain?
– Oui, mais d'origine cubaine, vous devez vous en douter à mon accent?
– Je m'interrogeais, justement!
Ils montèrent dans un taxi.
– A l'hôtel Royal! indiqua Salvatore, et se tournant vers Typhaine, il ajouta:
– Vous connaissez un peu le Moyen-Orient?
– Non, pas du tout, en fait, je ne suis guère sortie du Canada jusqu'à maintenant… J'étais trop prise par mes études…
– C'est votre première mission? Je veux dire à I.M.C.?
– C'est mon premier poste à tous points de vues, à part l'expérience acquise en tant qu'interne.
Salvatore eut une grimace dubitative:
– Mm… On peut dire qu'ils vous ont gâtée pour une première affectation…
– Eh bien parlons-en justement… je n'ai que peu d'informations sur la situation…
– Et bien comme je vous l'ai dit, nous partirons demain pour Al-Qaysumah, où nous avons notre poste de base.
– C'est donc là que je travaillerai?
– En partie seulement; en fait, la plupart du temps, nous le passons dans les camps de réfugiés. Il y en a trois qui dépendent de notre poste, ils sont disséminés sur la frontière, à environ 30 à 50 km chacun de

la base. Cela représente plus de 5000 personnes, femmes et enfants compris, dans des conditions d'hygiène inexistantes, un manque généralisé de soins, de médicaments, voire de nourriture… car l'aide humanitaire a du mal à faire face, surtout que personne n'a réellement envisagé jusqu'à maintenant que la crise pouvait durer au Koweit… Si vous avez voulu voir la misère du monde, vous allez être servie!
Typhaine lui jeta un coup d'œil en coin, un peu surprise de s'entendre apostropher de la sorte.
– Je ne suis pas venue pour la voir, mais pour aider à la soulager, répliqua-t-elle, piquée au vif.
Salvatore la regarda, l'air mi-amusé, mi-ironique. «Encore une qui a du caractère» pensa-t-il, et il ajouta:
– Ah, les grands idéaux, ça a du bon, gardez-les précieusement, vous en aurez besoin!
– Il y a longtemps que vous travaillez pour I.M.C.?
– Trop longtemps sûrement … De toutes façons je rends mon tablier bientôt, je rentre aux Etats-Unis.
– Vous quittez I.M.C.?
– Oui… j'ai donné plus de dix ans à la médecine humanitaire, et croyez-moi, je suis fatigué. J'ai vu des enfants mourir de faim au Sahel, se faire estropier par des mines anti-personnelles au Cambodge, j'ai vu des «soldats» de douze ans dans la guerre Iran/Irak, se faire déchiqueter à la mitraillette, au premier assaut… non, vous savez, il y a des fois ou l'on se demande jusqu'où peut aller la folie humaine… Moi aussi j'étais comme vous, je voulais apporter ma participation pour changer le monde, mais les années ont passé…
Salvatore se tut. Ils étaient arrivés devant un bel hôtel où un groom en tenue vint leur ouvrir la portière, tandis qu'un autre s'occupait des bagages.
Typhaine observait tout cela d'un air incrédule.
– Ne me dîtes pas qu'I.M.C. n'a rien trouvé d'autre pour nous loger?
– Ne vous inquiétez pas, nous sommes reçus ici à titre d'invités, c'est le gouvernement saoudien qui paie l'addition, vous pouvez ranger vos scrupules!

Ils prirent l'ascenseur, toujours accompagnés par le porteur.
– Voilà votre chambre, dit Salvatore quelques instants plus tard, en l'accompagnant jusqu'à la porte d'une suite luxueuse; mettez-vous à l'aise, il y a un bar, et le personnel de service est prêt à répondre au moindre coup de sonnette... profitez-en bien, tout est gratuit ici pour nous... On se retrouve pour dîner si vous voulez bien, à 20 heures?
– D'accord, à tout à l'heure...

Avec un soupir de soulagement, Typhaine s'écroula sur le lit dès que Salvatore et le porteur furent sortis. Puis piquée de curiosité, elle fit le tour des lieux... Outre une immense chambre aux meubles d'acajou, avec un lit aux draps de soie bleue, des tapis si mœlleux qu'on aurait pu y dormir, il y avait une salle de bains hollywoodienne avec marbre et dorures... sans parler des installations de hi-fi et vidéo dernier cri... Typhaine resta ébahie devant cette débauche de luxe...

L'après-midi passa vite. Après un bain massant et relaxant, elle fit une bonne sieste, puis tranquillement se prépara pour descendre dîner. Elle rangea définitivement dans sa valise le pull en laine et pantalon d'hiver qu'elle portait au départ, pour les remplacer par une petite robe de coton légère... Le petit 3° Canadien avait été avantageusement remplacé par un bon 22°, même à sept heure du soir...

❖

Le 4x4 blanc filait à toute allure sur la piste, cap au nord; soulevant un nuage de poussière ocre. Le soleil, au zénith dans un ciel d'azur, donnait une luminosité cinglante.
Typhaine s'était équipée en conséquence: lunettes noires, chaussures montantes (précaution utile contre la faune pas toujours amicale du désert...) crème solaire... la panoplie complète!
– Quand arriverons-nous?

– D'ici une bonne heure je pense, si nous ne sommes pas retardés par des convois militaires…
Ils avaient dû attendre plus d'une heure à l'aéroport avant de pouvoir prendre livraison du véhicule et des fournitures aussi diverses qu'indispensables, de médicament, vaccins, ainsi que du plasma, un équipement complet pour des interventions de première urgence, dont les stocks s'épuisaient très vite… Tout cela était acheminé depuis New-York par gros porteur.
Salvatore reprit:
– Ils ne se sont pas moqués de vous, il est flambant neuf ce camion et très bien équipé, vous êtes pistonnée ou quoi?
Typhaine ne répondit pas; elle se contenta d'un petit sourire.
Après un silence, Salvatore reprit sur un ton plus sérieux:
– Il faut tout de même que je vous prévienne: en plus du problème de la langue auquel vous allez devoir faire face puisque vous ne parlez pas l'arabe, il y a un autre écueil sur lequel vous allez buter aussi…
– Ah oui? Vous êtes encourageant…
– Réaliste! Quand on sait à quoi s'attendre, on peut au moins s'y préparer… Ce dont je veux parler, c'est qu'en plus du fait que vous êtes un médecin étranger, occidental, vous êtes surtout une femme… Dans un pays qui est musulman à plus de 75 %…
Typhaine lui lança un regard peu amène:
– La souffrance n'a pas de religion!
– Détrompez-vous, certains préféreront peut-être souffrir ou laisser souffrir les leurs plutôt que de les laisser se faire soigner par une «infidèle»…
– Vous ne croyez pas que vous exagérez un peu?
– Espérons le… Un homme averti en vaut deux, dit le proverbe… Alors une femme médecin avertie…!
– Il commence à m'exaspérer! Pensa la jeune femme, mais qu'est-ce qu'il veut à la fin? Que je reprenne le premier avion pour Québec?»
Elle trouvait Salvatore terriblement pessimiste, cynique même.
La veille au soir, durant le dîner, il n'avait cessé de lui faire des commentaires sur son manque d'expérience sur le terrain, sa méconnais-

sance de la situation Proche-Orientale, sur le fait qu'elle ne parlait pas un mot d'arabe... Bien sûr, toutes ces choses étaient vraies et elle n'avait pas non plus pris le temps de lire le coran; cependant elle était intimement persuadée, que cela ne remettait nullement en cause sa capacité à effectuer un bon travail, à mener à bien la tâche qui lui était confiée. Ce qui visiblement n'était pas tout à fait l'avis de son «cher collègue». Tout cela l'avait tellement contrariée, qu'elle avait à peine goûté au délicieux repas qu'on leur avait servi.

Salvatore continua:

– A la demande d'I.M.C., l'armée saoudienne vous a affecté un infirmier-traducteur qui vous suivra, avec pour mission aussi votre protection. Il se nomme Hassan, il est très compétent, vous verrez...

– Me protéger? De qui, de quoi?

Salvatore leva les yeux au ciel...

– Vous n'avez pas l'air de vous rendre compte de là où vous allez mettre les pieds; dans les camps, je veux dire... sans vouloir vous faire peur, ça ressemble plus à la cage aux fauves, qu'à une crèche enfantine... Bon, en ce qui concerne le boulot, nous avons des consignes très strictes...

– D'I.M.C.? On ne m'en a pas parlé...

– Non, du Haut Commandement saoudien.

– Mais nous sommes une organisation indépendante!

– Oui... mais nous intervenons sur le territoire saoudien et le gouvernement finance l'opération à hauteur de 50% donc, les consignes sont de soigner les réfugiés sur place. Dans chacun des camps, un «dispensaire» a été mis en place: une unité de quelques lits, avec un infirmier. Nous ne sommes autorisés a évacuer un patient que si son état nécessite un acte chirurgical important par exemple, car la seule unité-bloc opératoire est à la base, à Al-Qaysumah. Je vous invite donc à être très vigilante, ne vous laissez pas émouvoir... sinon, vous ne tiendrez pas une semaine!

– Vous... nous ne travaillerons pas ensemble alors?

– Non, non, l'urgence est partout, il faut être le plus efficace possible en un minimum de temps, il faut vacciner toute cette population, sinon on va se retrouver avec des centaines de morts par épidémies, et puis il y a ceux qui sont déjà malades, les blessés… heureusement, les infirmiers saoudiens donnent un coup de main.

❖

Typhaine but une large rasade d'eau fraîche.
«Mm, que c'est bon…» pensa-t-elle, puis humectant son mouchoir, elle se rafraîchit la nuque et les tempes.
Une semaine s'était écoulée depuis son arrivée. Une semaine pas facile, elle devait bien se l'avouer… elle en était ce jour là à son 3e camp en six jours. Le troisième camp, mais la même misère, la même détresse dans le regard des gens…
A Hafar, comme ailleurs, cette détresse vous sautait au visage.
Oh, bien sûr, elle s'y était préparée psychologiquement; mais peut-on se préparer à voir des centaines de personnes entassées comme du bétail sous des toiles de tentes? Vivant dans la précarité totale?

Typhaine chassa machinalement de la main les mouches qui lui tournaient autour de la tête… l'odeur aussi… Le premier jour, elle avait cru se trouver mal… En fait les moyens sanitaires de l'armée saoudienne avaient vite été insuffisants et on occupait les hommes valides à creuser puis à reboucher les fosses, dès que c'était nécessaire… Encore une chance que l'automne soit sec, car les pluies courtes mais abondantes dans cette région auraient rapidement transformé le camp en une mare de boue.
Typhaine s'était vite aperçue que les prévisions pessimistes de Salvatore n'étaient pas sans fondements: tout de suite, elle avait ressenti la méfiance dans les regards, les réponses évasives qu'Hassan traduisait impassible… Hassan, un grand gaillard barbu, tranquille… Il lui faisait penser à une montagne imperturbable dans sa grande blouse blanche d'infirmier. Sa présence, avait quelque chose de réconfortant;

il n'était pas bavard, mais faisait sans discuter tout ce qu'elle lui demandait, en soldat habitué à obéir aux ordres. Sa présence soulevait aussi beaucoup de curiosité: une jeune femme médecin… La nouvelle se répandait vite, et elle sentait sur son dos le poids des regards qui ne la quittaient pas…
Non, Salvatore n'avait pas totalement tort, apporter un savoir-faire médical et des médicaments était une chose, mais parfois les faire accepter en était une autre…

La veille, en rentrant d'un autre camp, similaire, elle s'était effondrée en larmes sur son lit. Le choc émotionnel était fort, la tension nerveuse aussi… faire un diagnostic dans un cabinet médical, ou dans un service hospitalier était bien plus aisé que de le faire en plein désert… Dans la précarité, sans l'aide précieuse d'un laboratoire d'analyses médicales il fallait pallier l'urgence, avec les moyens du bord, parer au plus pressé. Avec la crainte sous-jacente de ne pas avoir fait le bon diagnostic…. C'était un bouleversement total dans sa manière de travailler.
– Vas-y, laisse couler, c'est normal, tu accuses le coup… on y est tous passés, tu sais…
Typhaine avait relevé la tête, les yeux bouffis de larmes. Salvatore, appuyé contre sa porte de chambre, lui tendait une bonne tasse de café bien chaud.
– J'ai pensé que tu aurais besoin d'un petit remontant…
Pour une fois son regard n'était ni moqueur, ni sarcastique, mais bienveillant. Typhaine prit la tasse…
– Merci…
– Tu verras, c'est ça qui va te donner le courage d'y retourner, encore et encore; c'est dans cette détresse qui te prend à la gorge que tu va puiser le courage de te battre pour qu'ils survivent..
Cette phrase «se battre pour qu'ils survivent» restait gravée dans sa tête, comme un leitmotiv.
La sollicitude de Salvatore lui avait fait du bien, et leur relation s'était nettement améliorée depuis.

Le bruit d'une discussion animée fit sortir Typhaine de ses pensées; tournant la tête, elle vit Hassan aux prises avec une femme véhémente, à qui il tentait de faire entendre raison.
– Qu'y a-t-il Hassan? Que veut cette femme?
– Elle veut que vous alliez sous sa tente, pour vous occuper de sa fille, je lui ai dit de l'amener ici, mais elle ne veut rien entendre; elle prétend que sa fille est trop malade pour se déplacer, et qu'elle n'arrive pas à la porter…
– Bon, dis-lui que j'arrive…
– Ce n'est pas très prudent Docteur…
– Tu es là pour me protéger, non? Alors je prends ma trousse et on y va…
Après avoir traversé près de la moitié du camp, ils arrivèrent «au chevet» de la jeune fille. Elle devait avoir tout au plus 13-14 ans; son visage, émacié, était très pâle, mais surtout sa respiration était rauque, difficile.
Typhaine s'accroupit à côté d'elle sur la mauvaise couverture qui lui servait de lit. Quand elle se releva, après l'avoir auscultée, son visage était grave.
– Hassan! Va chercher deux hommes et un brancard, il faut l'évacuer en urgence!
Devant le regard interrogateur de l'infirmier-garde du corps, elle ajouta laconiquement:
– Diphtérie…
Hassan fit une grimace et s'exécuta.
La mère de la malade avait suivi avec attention chacun de leurs faits et gestes, mais sans en comprendre la teneur.
En attendant l'arrivée du brancard, Typhaine fit une première injection à la jeune fille. Son état était critique. Il fallait à tout prix intervenir rapidement si on voulait la sauver. En plus d'un traitement médicamenteux approprié, il fallait par une légère intervention chirurgicale, dégager ses voies respiratoires qui étaient encombrées par de fausses membranes créées par la maladie. Si cela n'était pas fait rapidement, dans les 6 à 12 heures, la petite mourrait par asphyxie.

Le brancard arrivait. Typhaine s'écarta pour laisser la place. Rapidement, les soldats chargèrent le petit corps et firent demi-tour avec leur fragile fardeau, tandis qu'Hassan tentait d'expliquer à la mère ce que le docteur avait décidé.
Soudain, le regard de Typhaine s'arrêta sur une silhouette, un peu plus loin, contre une tente. C'était un homme, qui était assis et qui semblait dormir. Mais ce qui avait attiré le regard de Typhaine, c'était la posture étrange dans laquelle il était: la tête sur les genoux et les bras ballants dégageaient une sensation d'inertie anormale. Pour mieux voir, elle s'approcha un peu. Non, il n'était pas endormi, mais plutôt inconscient... Ses cheveux et ses vêtements étaient maculés de sang séché.
– Hassan! Viens m'aider... il faut l'allonger.
L'homme était inconscient et son pouls très faible. Il avait une mauvaise plaie à la tête, sur laquelle s'agglutinaient des mouches. Ce qui avait dû être à l'origine un pansement pour sa plaie pendait, défait et sanguinolent contre sa joue.
Il avait probablement reçu un coup violent qui avait peut-être provoqué une fracture du crâne, comme en témoignait une trace de sang sortant de son oreille. A moins que ce sang ne vienne de la plaie principale; quoi qu'il en soit, sa respiration était faible et sa tension artérielle très basse...
– Hassan, un autre brancard! Je ne sais pas depuis combien de temps il est dans cet état, mais une chose est sûre: si on ne le réhydrate pas rapidement, il n'en a plus pour très longtemps...
Hassan repartit.

Aussitôt revenue au véhicule, Typhaine plaça une perfusion au bras de son nouveau patient: le moyen le plus efficace pour le réhydrater.
– Hassan, tu vas aller voir le commandant, pour lui demander un véhicule supplémentaire; nous allons les ramener tous les deux.
Hassan la regarda, un peu surpris.
Sans lui laisser le temps de faire une remarque quelconque, Typhaine enchaîna:

– Oui, je sais, les consignes; et bien moi je me refuse à intervenir pour cette petite sur place; quant à lui, je soupçonne une fracture du crâne, et je ne donne pas bien cher de sa vie si on le laisse ici!
Hassan eut un léger sourire et partit vaincu par la détermination de son «chef».

Typhaine retourna au 4x4 pour s'assurer de l'état de la petite. «Pourvu qu'il fasse vite, on a de la route à faire, avant d'arriver à la base».
Après quelques minutes, un bruit de moteur lui fit lever les yeux. Hassan arrivait au volant d'une ambulance de l'armée. Il en descendit avec un sourire triomphant:
– Le commandant s'est fait tirer l'oreille, mais je lui ai dit que s'il ne m'accordait pas le véhicule, vous alliez transmettre un rapport à ses supérieurs; alors il a craqué!
– Bravo! Vite, allons-y, j'emmène la petite. En arrivant à la base, tu t'occupes de lui, radio du crâne et premiers soins!
Sans même attendre de réponse, Typhaine sauta au volant. Mais au moment de démarrer elle se ravisa, ouvrant la portière:
– Au fait, Hassan, comment s'appelle-t-elle?
– La petite? Leila.

❖

– Alors Docteur?
Typhaine, tout en finissant de se débarrasser de sa blouse stérile à la sortie du bloc opératoire se retourna.
– Je crois qu'elle s'en sortira, répondit-elle, mais c'était juste.
Salvatore, encore poussiéreux de la route, la regardait, railleur.
– Alors comme ça tu as réquisitionné un véhicule de l'armée saoudienne? Le commandant Ramad ne devait pas être très content…
– C'est Hassan qui s'est chargé de ça…
– Oui, je sais, il me l'a raconté.

– Honnêtement je n'avais pas le choix, la petite Leila en était à un mauvais stade, quant à l'autre patient… vraiment pas brillant. Je vous laisse finir? ajouta-t-elle à l'adresse de l'infirmière saoudienne, qui faisait office d'instrumentiste pour le bloc, en même temps qu'aide-soignante auprès des patients.
L'armée saoudienne leur avait affecté trois personnes en plus d'Hassan pour seconder l'équipe d'I.M.C. sur la base.
– Tu comptes la faire transférer sur Riad? demanda Salvatore.
– Non, je pense que ce n'est pas la peine. Maintenant il ne lui faut qu'un traitement approprié, du repos, et une bonne alimentation et elle sera sur pied sous peu.
– Et ton autre patient?
– Je ne sais pas, Hassan devait s'en occuper… je vais aller le voir, tu m'accompagnes?
– Je te suis…

La base d'Al-Qaysumah était pourvue, outre du bloc opératoire mobile, de quelques chambres et d'une salle de soins-pharmacie. C'est là qu'ils trouvèrent Hassan, occupé à ranger des médicaments dans la pharmacie.
– Alors Hassan, comment va-t-il?
– Quand je l'ai quitté, il y a une demi-heure, il était toujours inconscient… Les radios sont là.
– Mm… il y a bien eu fracture, au sommet de l'os frontal, observa Typhaine.
– Oui, il a dû prendre un sacré coup sur la tête, ton bonhomme…

La chambre était plongée dans une semi-obscurité et ils eurent tout d'abord du mal à distinguer quoi que ce soit. Salvatore écarta un peu le rideau de la fenêtre.
L'homme, qui était toujours inconscient, devait avoir une trentaine d'années. Typhaine le reconnût à peine, tant le fait d'avoir été lavé, rasé (aussi bien la barbe que les cheveux) changeait sa physionomie, sans parler du bandage qui lui entourait la tête.

Il avait l'air plus jeune, avec un visage assez fin quoique buriné par le soleil du désert.
– Comment est-il?
– La pulsation est plus régulière et la tension remonte, constata Typhaine.
– Tu l'a mis sous perf. de glucose?
– Il avait une déshydratation avancée, à mon avis la plaie date au moins de 48 heures…
– Regarde.. on dirait qu'il revient à lui…
En effet, les paupières du blessé étaient agitées de tremblements et finalement il ouvrit les yeux.
– Parle-lui toi, tu connais un peu l'arabe non?
Salvatore se plaça dans le champ visuel du blessé et lui dit quelques mots, mais il n'y eut pas de réaction. Malgré le fait qu'il avait les yeux ouverts, l'homme ne semblait pas percevoir la réalité.
– Allez, mon bonhomme c'est le moment de revenir les pieds sur terre, murmura Typhaine comme pour elle même. Sans s'en rendre compte elle s'était exprimée en français, machinalement.
Au son de sa voix, l'homme tressaillit et sembla la chercher du regard. Typhaine s'approcha davantage, son regard croisa celui de son patient et il lui sembla y voir une étincelle de présence; ses lèvres bougèrent.
– Il veut parler…
A nouveau, l'homme remua les lèvres, et à son grand étonnement Typhaine saisit deux mots, dits en français:
– Je crois qu'il a dit «à boire», et s'adressant à l'homme, elle interrogea:
– Vous voulez boire, c'est cela?
A nouveau, plus distinctement l'homme répéta:
– A boire…
– Mince alors, s'écria la jeune femme, et en plus il parle français, en voilà un patient sympa!
– Tenez! ajouta-t-elle en prenant un vaporisateur d'eau sur la table de chevet, cela va vous rafraîchir. Elle gicla un peu d'eau entre ses lèvres gercées.
L'homme déglutit difficilement.

– Où suis-je? demanda-t-il encore.
– A Al-Qaysumah, une base avancée, à 50 km au sud de Hafar où nous vous avons retrouvé il y a quelques heures.
- …Hafar?…
– Oui, le camp de réfugiés, vous vous souvenez?
L'homme la regardait, l'air éperdu, il ne semblait pas saisir.
– Que vous est-il arrivé, on vous a agressé?
– Je ne sais pas…
– Vous ne vous souvenez de rien?
– Non…
– Bon ce n'est pas grave, ça vous reviendra, comment vous appelez-vous?
L'homme ne répondit pas tout de suite et son regard, cherchant celui de Typhaine sembla soudain plus désemparé encore:
- …Je ne sais pas… Je ne sais plus, c'est… comme un trou noir dans ma tête!
Les deux médecins échangèrent un regard. Bien qu'il ne parle pas le français couramment, Salvatore le comprenait assez pour avoir saisi la teneur des quelques phrases échangées.
– Ne vous inquiétez pas, reprit Typhaine, c'est le choc, vous avez été très éprouvé, nous allons vous laisser vous reposer.
Ils quittèrent la pièce en silence.
– Amnésie, commenta Salvatore, ça peut très bien se résorber rapidement..
– Ça peu aussi perdurer… compléta Typhaine, sourdement, espérons que ce ne sera pas son cas!
Elle frissonna, il lui sembla que ce devait bien être la pire des choses que de ne plus savoir qui on est… Plus de passé, quel avenir?
– Tu as un pronostic? demanda-t-elle?
– Difficile à dire, c'est un peu tôt, disons…50/50…

Chapitre VII

Solitude

– Est-ce que ça sonne? Marco s'impatientait…
Tina lui fit signe de se taire, on venait de décrocher à l'autre bout de la ligne.
– Allô? Le Ministère des Affaires Etrangères?
– Oui Madame…
– Pourriez-vous me passer, le service qui s'occupe du problème des otages du Koweit s'il vous plaît…
– …
– Allô?
– Oui, bonjour Monsieur, je vous appelle pour savoir si mon frère fait partie du petit nombre d'otages, qui ont été libérés, il y a deux jours. J'ai déjà appelé hier, mais on m'avait répondu qu'il n'y avait pas encore de liste fiable, et complète. Est-ce que aujourd'hui vous connaissez leurs noms?
– Oui, enfin, à peu près… comment se nomme votre frère?
– Messina, Flavio Messina…
– Il était là-bas pour le tourisme ou pour raisons professionnelles?
– Pour le travail, un contrat pour l'entreprise *Darbo-Petroleum* de Lyon.
– Ecoutez, à première vue, votre frère ne serait pas sur notre liste, cependant, je vous conseille d'appeler ses employeurs; ils ont eux aussi leurs propres contacts et la liste concernant leurs employés… Ils pourront peut-être vous en dire davantage, au suivi de leurs informations. Il se peut que vous obteniez ainsi des nouvelles…
– Bon, merci,…
Tina raccrocha… et chercha nerveusement le numéro dans l'annuaire.

– Qu'est-ce qu'ils ont dit? Est-ce que papa a été libéré?
– Je ne sais pas, il faut appeler la Darbo…
– Darbo-Petroleum à votre service!
– Bonjour, le Ministère des Affaires Etrangères m'a conseillé de vous appeler, au sujet des otages, mon frère travaillait là-bas pour vous…
A nouveau Tina dut attendre qu'on lui passe le service concerné, pour expliquer son cas. Mais là non plus, Flavio n'était pas sur la liste. Par contre, on lui apprit qu'un de ses collègue de travail faisait lui partie de la liste. Tina sentit son cœur bondir d'espoir.
– Pourrait-on le rencontrer?
– Ecoutez, je ne sais pas, d'après nos renseignements, ces personnes ont été très éprouvées, physiquement et psychiquement. Dès leur arrivée en France, elles seront prises en charge par des équipes de soins, et pour certaines, hospitalisées. Je ne peux rien vous promettre, mais si vous nous laissez vos coordonnées, le cas échéant, nous vous tiendrons informés.
Tina raccrocha, le visage sombre…
– Alors, tata?
– Ton père n'est pas sur la liste, mais il y a un employé qui travaillait avec lui qui y est. On pourra peut-être le rencontrer et avoir ainsi de ses nouvelles.
– Quand?
– Je ne sais pas encore, mon chéri.
Marco soupira, entre espoir et lassitude… s'il pouvait voir cet homme, il saurait enfin ce qui s'était passé exactement trois mois plus tôt. Il aurait sûrement des nouvelles récentes à lui donner. Pourquoi est-ce que c'était lui qu'on avait libéré, et pas son père… La vie était injuste!
Marco, la tête appuyée contre la vitre, regardait tomber la fine pluie de novembre; il faisait froid dehors et il réalisa que dans son cœur aussi, il faisait froid!…

La sonnette de la porte d'entrée retentit.
– Marco, tu vas ouvrir s'il te plaît? J'ai les mains dans la farine. Cria Tina depuis la cuisine.
Marco abandonnant un instant la maquette de planeur qu'il était en train de réaliser, (il fallait meubler l'ennui des vacances) alla ouvrir, sans enthousiasme.
L'homme qui se tenait sur le palier était grand, les cheveux blonds, teintés de gris aux tempes. Mais ce qui frappa d'emblée Marco, c'était son visage maigre et pâle avec des yeux cernés, qui le fixaient intensément.
– Bonjour, tu es le fils de Flavio…? Marco?
– Oui…
– Je suis Franck Doubert, je travaillais avec ton père à Minaguich…
Marco pâlit un peu.
– Papa? Est-ce qu'il va bien?… Il vous a donné une lettre pour moi?
Tina sortit précipitamment de sa cuisine.
L'homme eût l'air un peu surpris par la question, puis son regard devint las…
– Vous n'avez pas eu de ses nouvelles?
– Non, aucune dit Tina, rien depuis trois mois, mais vous, vous l'avez vu n'est-ce pas? Vous étiez bien avec lui?
– Oui… enfin non, je veux dire, j'étais avec lui jusqu'à l'invasion, mais je ne l'ai pas revu depuis…
Un lourd silence tomba.
Finalement Tina le rompit:
– Mais, ne restez pas sur le seuil, entrez.

L'homme s'assit au salon, l'air un peu emprunté, et, lentement en cherchant ses mots, il se mit à raconter comment ils avaient été séparés, Flavio et lui ce soir-là, lors de l'attaque irakienne. Puis, les trois longs mois de captivité, ballottés d'un endroit à l'autre, subissants les brimades des soldats, souvent les privations aussi. L'angoisse à l'idée de servir de boucliers humains, et finalement, le retour, la libération tant espérée..

– Je croyais trouver Flavio ici à mon retour, je pensais qu'il avait pu s'enfuir en Arabie Saoudite, et ensuite se faire rapatrier…
Tina secoua tristement la tête, ses mains chiffonnant nerveusement un torchon de cuisine.
Durant tout ce récit, Marco était resté silencieux, le visage fermé. Franck le regarda:
– Tu lui ressembles, tu sais fiston… Il m'a souvent parlé de toi, il se réjouissait tellement de rentrer pour te retrouver!
– Il n'avait qu'à pas partir! Marco se leva et se mit a arpenter le salon, les poings serrés dans les poches.
– Sans doute… Il l'avait compris tu sais… Il m'a dit une fois combien il regrettait de ne pas t'avoir vu grandir.
– C'est facile de regretter après; s'il m'aimait vraiment, il ne serait pas parti!
Franck se leva à son tour, pour prendre congé.
– Bon, je vais vous laisser.. j'ai un train à prendre… je rentre chez moi…
– Merci d'être venu, dit Tina.
– C'était normal, j'espère sincèrement que vous le retrouverez bientôt… salut fiston!
Marco s'approcha pour serrer la main que lui tendait Franck. Leurs regards se croisèrent…
– Rappelle toi une chose bonhomme, ton père t'aime, crois-moi, mais parfois dans la vie, sans le vouloir, on fait de la peine à ceux qu'on aime… Au revoir…
La porte se referma… Sans mot dire, Marco disparut à nouveau dans sa chambre, dont il referma rageusement la porte d'un coup de pied.

❖

– Marco! Marco… Lève-toi! C'est aujourd'hui que tu as rendez-vous avec ton ami Alain, pour faire un cross, tu as oublié? Dépêche-toi un peu, sinon tu vas rater l'heure!

– Mm…, oui… j'arrive… Je l'avais complètement oublié… bah, ça me changera un peu, les idées, quelle galère ces vacances…
Damien était parti depuis 5 jours en Ardèche avec ses parents, et Marco trouvait le temps long. Une journée au grand air avec Alain (leur ex-moniteur de colo) allait lui faire le plus grand bien. Il avait besoin de se changer les idées, surtout depuis la visite de Franck, la veille.
Un peu remotivé, Marco s'extirpa de son lit et se dirigea vers la salle de bains.
«Qu'est-ce qu'il fait..? Il m'avait pourtant dit 9h30, il est 10 heures»…
Encore une fois, Marco fouilla du regard les places de parking environnantes et la file de voitures, descendant la rue, espérant en vain y voir la 205 jaune vif d'Alain.
Décidément non, il n'était pas au rendez-vous…
«J'espère qu'il n'a pas eu de problèmes… ou alors son réveil n'a pas sonné… c'est sûrement ça… je vais le réveiller, moi…»
Prenant le bus suivant, Marco se retrouva 20 minutes plus tard en bas de l'immeuble d'Alain et gravit les deux étages au pas de course.
– Ça me fera un peu d'échauffement, pensa-t-il, en prévision du cross de tout à l'heure.
Arrivé sur le palier, il appuya énergiquement sur la sonnette.
– Si son réveil est en panne, le mien en tout cas, il fonctionne…»
La porte s'ouvrit, et Alain apparut en pyjama, un croissant à la main.
– Tiens salut Marco! Qu'est-ce qui t'arrive, entre…
– Eh bien tu as oublié? On avait rendez-vous! Pour le cross… Tu devais me prendre il y a presque une heure…
Alain eût l'air un peu gêné:
– Je… j'avais complètement oublié, tu as raison…
Une voix féminine appela de la chambre:
– Alain, tu viens? Si c'est encore un démarcheur, vire-le, j'aimerais bien qu'on soit un peu tranquilles…
Alain fit une mimique explicite de la tête:
– J'ai de la compagnie, on remet ça? Je t'appellerai O.K.?
Marco approuva vaguement d'un signe de tête, et dévala l'escalier quatre à quatre. Dans la rue, il continua de courir, jusqu'à être à bout

de souffle… Un moment il s'assit au coin d'une rue, son cœur battait à tout rompre. D'un pied rageur il catapulta au loin une boîte à conserves qui traînait près de lui.
«C'est comme ça qu'ils font avec moi, pensa-t-il… quand l'envie leur prend il me jettent…:
– Je pars six mois au Koweit, sois sage…
– On se verra une autre fois, je t'appellerai…
Tu parles, ils n'en n'ont rien à faire de moi, pas plus que de cette boite de conserve!»
Continuant sa marche au hasard, il arriva finalement sur la berge de la Saône. Un endroit qu'il aimait bien; il y venait souvent se promener petit, avec sa mère et Tata Tina.
Il continua jusqu'au grand pont, et, s'appuyant à la rambarde, regarda courir l'eau grise sous les arches de béton.
L'eau, elle au moins, savait où aller. Elle se faufilait le long des berges, jusqu'à la mer, puis, selon un cycle immuable, s'évaporait à la chaleur du soleil, pour revenir sous forme de pluie, arroser à nouveau le sol… pour reprendre sa course…
Marco, lui, ne savait pas où il allait. Mais il aurait voulu fuir, fuir cette grisaille qu'il sentait entrer de plus en plus en lui… trouver un rayon de lumière, une raison d'espérer, de se battre contre l'incertitude…
«Où es-tu papa? Est-ce que tu penses à moi? Ne me laisse pas…»
Il aurait voulu crier ces mots, mais ils restaient coincés dans sa gorge. Deux larmes tombèrent de ses yeux et allèrent se perdre dans les remous du fleuve…

Le bruit d'une moto pétaradante le fit sortir de ses pensées. Levant la tête, il vit arriver à toute allure, sur sa bécane, un des ados de son collège qu'il reconnût aussitôt… «Voilà Seb», pensa-t-il.
Marco le connaissait un peu, mais ne l'appréciait guère Seb, (l'abréviation de Sébastien), avait deux ans de plus que lui et une solide réputation de «tire-au-flanc» en ce qui concernait le travail scolaire. D'ailleurs, il avait redoublé deux fois et ne faisait aucun effort pour ne pas échouer encore une fois…

La mob ralenti, s'arrêta.
– Tiens, salut Messina! Alors? Qu'est-ce que tu fiches là?
– Rien, je me promène…
– Comment ça se fait, Santonny n'est pas avec toi? Tu l'as perdu en route ou quoi? Vous êtes pourtant frères siamois, jamais l'un sans l'autre…
Marco haussa les épaules.
– Bon, te vexe pas, c'était juste une plaisanterie, tu viens avec moi? Je vais au Mac-Do.
Marco réalisa tout à coup qu'il avait faim. Il était presque treize heures. Il avait un peu d'argent en poche… Alors pourquoi pas? D'habitude, il trouvait Seb prétentieux et désagréable, mais après tout… Seb insista:
– Alors tu te décides? Tu vas voir, je monte sans problème à 70 avec ma bécane, je l'ai améliorée, allez viens je te dis!
Marco s'installa sur le porte-bagages; la mob, pétaradant de plus belle, repartit en direction du centre ville.

– Ah, ça fait du bien, ils ont les meilleures frites de la ville! commenta Seb en se frottant l'estomac. Qu'est-ce que tu fais cet après-midi?
– Rien, je ne sais pas…
– Moi je vais rejoindre des potes,… on s'est trouvé un coin sympa pour faire la fête, sans que personne ne vienne nous casser les pieds.! C'est un vieil entrepôt dans la zone industrielle… on s'y retrouve entre nous, on y a amené de la musique, à boire, on danse, on s'éclate… et bien sûr on amène des filles aussi, ajouta-t-il avec un clin d'œil… Si tu veux je t'invite!
Marco hésita… d'un côté ça ne pouvait pas être pire que de rester tout seul, enfermé dans sa chambre, ou à déambuler dans les rues en traînant la déprime…
– T'en veux une? Seb tendait son paquet de cigarettes dans sa direction.
Pour la seconde fois Marco se retrouva devant un dilemme:
Un autre jour, la veille même, il aurait dit non, sans hésitation:

«J'aime le sport, je ne veux pas m'encrasser les poumons...»
Mais là... Après tout le sport... ça ne changeait rien à ses problèmes. Quant aux sportifs, ils ne valaient pas mieux que les autres! Alors encore une fois, pourquoi pas?
– Merci, dit-il en en prenant une.
La première «taf» le fit tousser. Seb rigola.
– C'est ta première? C'est pas la meilleure, mais après, ça fait du bien, tu verras...
Qu'est-ce que vous écoutez comme musique? demanda Marco, qui, sous l'effet du tabac, se sentait gagné par la nausée.
– De la musique, on écoute, la seule, la vraie! du hard!
Tout le reste n'existe pas! On y va?
Marco acquiesça, et, écrasant le mégot dans le cendrier, suivit Seb d'un pas mal assuré.
L'air frais lui fit du bien, tandis qu'ils filaient à vive allure en direction de la zone industrielle.
Après l'avoir laissée sur leur gauche, Seb prit une petite route sur la droite qui menait à un hangar vétuste en tôle grise.
Une quinzaine de «meules» étaient rangées sur le côté. Seb gara la sienne. Marco pouvait déjà entendre le rythme soutenu et les accords hurlants déferler à travers la tôle.
– Viens, on entre par l'autre côté...
Ils firent le tour et pénétrèrent par une petite porte de fer rouillée.
– On a le droit? demanda Marco, en remarquant par terre un cadenas qui avait du être défoncé à coup de pierres.
– Tu as vu un panneau interdisant d'entrer toi? répliqua Seb en riant... Allez, viens, je vais te présenter à tout le monde...

La plupart des jeunes qui étaient dans le hangar étaient plus âgés qu'eux; ils avaient tous 16 ou 17 ans. Il y avait un gros magnéto au centre qui diffusait «La Musique», quelques ados dansaient, tandis que d'autres, assis sur des cartons et des vieilles caisses discutaient (ou plutôt criaient pour s'entendre). Dans un coin, Marco en vit quelques autres en train de flirter. Seb saluait chacun, faisait la bise aux filles, et

au passage attrapa deux bières dans une caisse. Il en tendit une à Marco.
– En plus on a du ravitaillement de premier choix! commenta-t-il.
– Mais... on a pas le droit... commença Marco.
– Justement, ça la rend meilleure! T'inquiète pas, c'est Jojo qui nous l'amène, il se débrouille pour la prendre dans le camion qui vient livrer au resto de son père... ni vu ni connu, je t'embrouille!... En plus, l'alcool, ça chasse les idées noires... mais tu es libre! Si tu n'en veux pas, il y a du coca, ajouta-t-il avec un sourire moqueur...
– Je n'ai pas dit ça, répliqua Marco, qui commença à boire à petites gorgées.
– Allez, bois pas comme un bébé, regarde, d'un seul coup!
Seb, joignant le geste à la parole avala le contenu de la bouteille, puis, avec un cri de satisfaction la jeta vers le fond du hangar ou elle explosa en mille morceaux.
Marco, prenant sa respiration, l'imita, se forçant à ne pas prendre garde à l'amertume de la bière, inhabituelle pour lui...
– Voilà, approuva Seb, tu bois comme un homme, tiens, prends en une autre. Viens, je vais te présenter la fille la plus sympa du collège...

❖

Le téléphone sonna; Tina sursauta, elle s'était assoupie sur le canapé du salon après de longues heures d'attente angoissée. Le soleil commençait à poindre, la pendule indiquait 7h45 du matin. Elle n'était pas allée travailler... elle décrocha:
– Allô?
– Mme Gantien?
– Oui...
– Bonjour Madame, ici le Commissariat de Police de Caluire, vous avez bien un neveu du nom de Marco Messina?
– Mon Dieu, il a eu un accident, je le savais!

– Non, Madame, rassurez-vous, mais pouvez-vous venir au poste s'il vous plaît, nous l'avons interpellé hier au soir.
– Interpellé, mais qu'est-ce qu'il a fait…
– Madame, nous en parlerons quand vous serez ici, si vous voulez bien. Nous vous attendons.
Tina raccrocha interloquée.
A la hâte, elle passa chaussures et manteau, remit un peu d'ordre dans sa coiffure.
– Où vas-tu?
Robert, son mari, que le téléphone avait réveillé entra dans la pièce. Il n'y avait rien de pire pour le mettre de mauvaise humeur. Tina le savait, aussi elle ne s'attarda pas en explications.
– Je vais chercher le petit, dit-elle, juste avant de refermer la porte derrière elle.

❖

Tina ne parvenait pas à quitter Marco du regard, hébétée de ce qu'elle avait entendu au Commissariat.
Les mêmes phrases ne cessaient de tourner dans sa tête:
– Madame, nous l'avons appréhendé dans un hangar près de la zone industrielle, il était avec une trentaine de jeunes, plus âgés que lui, pour la plupart. Nous sommes intervenus sur la plainte du propriétaire des lieux.
– Mais qu'est-ce qu'on lui reproche?
– Madame, ces jeunes sont entrés par effraction dans ce local, de plus, ils sont presque tous mineurs… il y avait plusieurs caisses de bière à l'intérieur et certains avaient de la marijuana sur eux.
– Mais mon petit ne fait jamais de choses pareilles, je vous assure, il est sérieux, sportif…
– Madame, si nous vous avons appelé, c'est parce que nous ne voulons pas, que ce qui n'est probablement qu'une incartade, ne pèse sur son avenir; aussi nous lui laissons une autre chance, étant donné qu'il n'a jamais encore eu affaire à nos services et que le directeur de son collè-

ge nous a confirmé qu'il est un élève studieux et appliqué. Il a probablement été entraîné par l'un des membre de ce groupe. Nous en connaissons plusieurs, qui sont des cas difficiles; mais je ne saurais trop vous conseiller d'avoir l'œil sur lui à l'avenir. Enfin, pour l'instant il a surtout besoin d'une douche et d'un bon calmant pour «sa gueule de bois».
Devant l'air interdit de Tina, le policier avait ajouté:
– Quand nous l'avons embarqué, il ne tenait plus sur ses jambes, tellement il était saoul…»

Le bus s'arrêta.
Tina prit le bras de Marco, le tirant vers la sortie.
– Comment as-tu pu faire ça, mon chéri, non, pas toi! On doit être forts tous les deux, se serrer les coudes tu comprends? Jusqu'à ce qu'il revienne!
Dans un souffle, Marco murmura la question qui asphyxiait son cœur depuis des jours…:
– Et s'il ne revient pas?
– Il reviendra, mon chéri, il reviendra, tu entends?

Robert les attendait dans la cuisine, l'air grognon.
– Alors? Où est-ce que tu as passé la nuit, hein? A 13 ans tu ne crois pas que tu es un peu jeune, pour découcher sans autorisation?
Marco ne répondit pas. Tina prépara du café.
– Alors, où est-ce qu'il était, hein? Mais je rêve ou bien il empeste la bière… ne me dit pas que tu as bu, Tina, qu'est-ce qu'il a fait?
– Rien, il s'est laissé entraîner par un copain pas sérieux.
– Un copain pas sérieux, hein! Pourquoi tu ne nous a pas appelé plus tôt, au lieu de laisser ta tante s'inquiéter, tu t'en moques de faire de la peine à ta tante, et en plus tu as bu de l'alcool, à ton âge…
Marco ne disait rien, il avait le regard fixé sur sa tasse, mais Tina le vit pâlir encore, elle sentit l'orage. Elle ne se trompait pas.
– Tu crois vraiment que tu peux me faire la morale là dessus, alors que tu rentres saoul comme une bourrique trois fois par semaine?…

– Comment est-ce que tu oses me parler sur ce ton, répliqua Robert, dont le teint se mit à rougir sous l'effet de la colère. C'est une bonne raclée qu'il te faut, oui, pour t'apprendre la politesse!
Marco se leva d'un bond, renversant sa chaise.
– Tu n'as pas intérêt à me toucher, tu n'es pas mon père, tu entends?
– Si tu crois que tu vas faire la loi ici sale petit...
Robert, dans son élan bouscula la table et se dirigea la main levée sur Marco. Celui-ci fit un bond en arrière et au passage saisit un couteau sur l'évier qu'il agita, menaçant, devant le visage de son oncle.
– Je te préviens, si Tata tu réussis à la taper, ça ne seras pas pareil avec moi, méfie-toi, si tu me touches, je n'hésiterai pas!...
Tina, qui était pétrifiée se ressaisit et s'interposa entre eux.
– Robert! ça suffit, tu entends, tu ne crois pas qu'on a assez de malheurs comme cela? Robert! Arrête!
Elle s'accrocha à son bras. Robert et Marco se regardèrent quelques secondes encore sans bouger, quelques secondes qui parurent être une éternité à Tina; puis, finalement, Robert se ressaisit, et reculant d'un pas, il se rassit sur sa chaise, fulminant.
Marco, regarda le couteau dans sa main, avant de le jeter sur la table d'un geste un peu tremblant. Sans regarder son oncle et sa tante, il fit demi-tour et alla se réfugier dans sa chambre.

Il resta un long moment assis sur son lit, regardant par la fenêtre. Beaucoup de choses se bousculaient dans sa tête, tout ce qu'il avait vécu depuis 48 heures lui avait fait l'effet d'un électrochoc. Il se sentait mal dans cet appartement, dans cette chambre, pris au piège...

Chapitre VIII

Le petit livre bleu

Typhaine laissa courir son regard sur le mur de sa petite chambre; stylo à la main, elle cherchait l'inspiration. Il y avait tant de choses à raconter à ses parents. Mais le faire par lettre lui semblait plus difficile. De plus leur exposer les conditions réelles dans lesquelles elle travaillait risquait de les inquiéter davantage.
Non, décidément il valait mieux s'en tenir à des généralités rassurantes… Le stylo, rapide, se mit à courir sur la page blanche.

Al-Qaysumah, le 14.11.1990

Chers tous…

Comment allez-vous? Et Nathalie? J'espère que sa grossesse se passe toujours bien. Je vais bien aussi. Evidemment je dois complètement me réadapter, vous pensez bien que les conditions de travail sont très différentes… Mais au moins ici on se rend compte à quel point notre travail est indispensable…

Non, elle ne donnerait pas le détail de la misère qu'elle côtoyait ici, elle ne leur parlerait même pas de l'entretien qu'elle avait eu la veille, au téléphone, avec le coordinateur d'I.M.C. Un entretien qui l'avait plutôt exaspérée pourtant:
– Comprenez moi Mademoiselle Roy, dans l'urgence de la situation, il y a un mois, nous vous avons envoyé en Arabie Saoudite, parce que nous n'avions pas beaucoup de personnel disponible. Vous voyez, ce pays est l'un des fiefs de l'islam, si bien que votre travail dans les camps ces deux dernières semaines a suscité beaucoup de réactions, non pas que vos capacités soient remises en cause, nous n'avons absolument

rien à vous reprocher professionnellement, mais le gouvernement saoudien…
Typhaine, outrée l'avait coupé net:
– Mais enfin de quel droit les autorités saoudiennes viennent-elles mettre leur nez dans les affaires d'une organisation humanitaire étrangère?
– Pour deux raisons très simples. La première, c'est que vous êtes chez eux et que vous soignez une majorité de musulmans; la seconde, c'est que dans cette mission, l'Arabie fournit moyens, matériels et finances à hauteur de 50%…
– Alors si je comprends bien, je reprends le premier avion pour l'Europe? Typhaine était amère:
– Non, on ne va pas s'écraser totalement devant leurs exigences, que nous trouvons un peu exagérées, il faut bien le dire; aussi en négociant avec eux j'ai obtenu que vous restiez jusqu'en fin d'année; à la condition que vous restiez de permanence à la base, pour vous occuper des malades amenés sur place et que vous n'alliez plus dans les camps.
– Mais cela va porter un grave préjudice au niveau des soins et du travail là-bas… et puis Salvatore va s'en aller d'ici une semaine et…
– Non, Salvatore a accepté de reporter son départ comme vous jusqu'à la fin de l'année. Pour ce qui est des camps, je vous envoie du renfort. Le Dr Philip Middle vous rejoindra d'ici deux jours. Il prendra votre relais. Quant à vous, vous pourrez vous consacrer plus spécifiquement aux cas sur place; d'ailleurs, je vous annonce une rallonge de 30 lits. L'armée va vous libérer des locaux contigus à ceux que vous occupez déjà; je sais, c'est dérisoire par rapport aux besoins, mais c'est mieux que rien…Vous pourrez vous consacrer plus spécifiquement aux cas sur place.
Typhaine pensa à son «miraculé», comme l'avait surnommé Salvatore. Si son état physique avait progressé très rapidement dans le bon sens, sa mémoire ne lui était malheureusement toujours pas revenue. C'était sûrement celui de ses patients qui lui tenait le plus à cœur; peut-être justement parce qu'elle ressentait combien ses capacités professionnelles étaient limitées dans son cas. Certes, elle lui avait évité

une mort certaine en le ramenant ici, mais au-delà des soins physiques, que faire pour annuler les effets secondaires de ce traumatisme, pour que sa mémoire lui revienne… Le récit qu'elle lui avait fait des événements relatifs à l'invasion irakienne n'avait éveillé aucun souvenir…
Comment trouver ici en plein désert, des objets, une ambiance, quelque chose qui puisse éveiller sa mémoire évanouie?

Typhaine lâcha le stylo, décidément, elle n'avait pas l'inspiration ce soir. Tout à coup, son regard s'arrêta sur son étagère et elle comprit! Bien sûr! pourquoi ne pas y avoir songé plus tôt!
Se levant d'un bond, elle attrapa le petit livre bleu qui venait de l'inspirer, et, d'un pas décidé, elle se dirigea vers le dortoir dans lequel était son «miraculé».
Il était couché sur le dos, paupières closes; mais au bruit de ses pas, il ouvrit les yeux.
– Tiens docteur…
– Alors, comment allez-vous depuis ce matin?
– Et bien, j'ai mangé un peu tout à l'heure et on m'a retiré la perfusion…
– Très bien, et à part ça?
– Rien, le trou noir…
Typhaine le regarda; avec son visage creusé et si pâle, sa tête entourée de pansements, il avait l'air fragile et désemparé.
– Vous serez bientôt sur pied, vous verrez.
– Sur pied, peut-être, mais pour quoi faire… Je ne sais même plus qui je suis, ni d'où je viens…
– Je sais, cela doit être éprouvant, c'est pourquoi je vous ai apporté ça! dit-elle en lui tendant le petit livre bleu.
Son patient le prit et regarda le titre:
– La Bible, c'est un livre religieux, de la religion chrétienne. Qui vous dit que je ne suis pas un fervent musulman?
– Rien de probant, mais je ne le crois pas…
– Pourquoi?

– Je suis persuadée que vous êtes européen, d'abord vous parlez français sans beaucoup d'accent, du moins un accent beaucoup plus léger que les nord-africains que j'ai pu rencontrer, et puis surtout, vous ne me regardez pas de travers, même si je suis une femme médecin, vous ne me traitez pas avec condescendance, et vous ne m'avez pas reproché de ne pas porter le «tchador». Typhaine souriait...
– Vraiment, c'est comme cela qu'on vous traite?
– J'exagère un peu, mais c'est parfois un avantage de ne pas parler arabe...
– Mais pourquoi la Bible, pourquoi croyez-vous que ça puisse m'aider... à défaut d'être musulman, je suis peut-être athée.
– Justement, la Bible n'est pas un livre neutre; peut-être qu'en le lisant, vous aurez une certitude, dans un sens ou dans un autre. Si c'est le cas, c'est déjà un peu de vous-même que vous aurez retrouvé, mais si je peux vous donner mon opinion personnelle, ce livre n'est pas un livre ordinaire, il parle...
– Il parle? Son «miraculé» la regardait, l'air un peu narquois.
– Oui, il parle, il m'est fréquemment arrivé, dans des jours difficiles de ma vie, d'y trouver les mots, les principes, mieux l'espérance qui a soulagé mon cœur et m'a aidée à affronter les difficultés... Il suffit de lire... et de croire aussi... Bon, il se fait tard... je vais vous laisser dormir, à demain!

Typhaine s'éloigna de son pas rapide et discret. L'homme regarda le petit livre qu'il avait reposé sur sa table de chevet... Il n'était guère convaincu, mais la sympathie que lui témoignait Typhaine lui était précieuse. Depuis qu'il avait repris connaissance, elle était comme un rayon de lumière qui l'avait empêché de se laisser sombrer.
«Ça va vous revenir lui disait-elle chaque jour, laissez le temps à votre corps et à votre cerveau, il faut que tout se remette en place. Le proverbe dit: Tant qu'il y a de la vie, il y a de l'espoir. Et le moins qu'on puisse dire, c'est que chez vous la vie, elle sait s'accrocher!»
«Elle a sûrement raison», pensa-t-il, et il se le répéta plusieurs fois, tandis que doucement, il sentait le sommeil le gagner.

– Hep! S'il vous plaît! Oui, vous!
Typhaine s'égosillait à appeler «son patient» par la fenêtre de la pharmacie…
– Vous êtes sûr que vous ne vous rappelez pas votre prénom? Ce n'est pas facile d'attirer votre attention…
Le «miraculé» qui prenait un peu l'air dans la cour approcha de son côté:
– Vous pouvez m'appeler «Personne» si vous voulez… dit-il d'un ton faussement enjoué…
– Vous prenez l'air, c'est bien, vous voilà pratiquement rétabli!
Typhaine n'avait pas l'intention de lui en parler, mais sa guérison physique rapide, à peine trois semaines, pouvait devenir la source de nouveaux problèmes…: tout patient rétabli, devait, selon la règle de l'armée saoudienne, rejoindre le camp dans lequel il avait été recueilli. Typhaine avait déjà longuement réfléchi à ce problème et elle en avait parlé avec ses deux collègues, Salvatore et Philip Middle, la veille au soir. Tous trois en étaient arrivés à la conclusion que «son patient» n'était pas en mesure sur le plan psychologique, d'assumer un nouveau séjour en camp. Son amnésie le fragilisait beaucoup trop.
– Il faut trouver une solution pour le garder ici, mais comment le justifier… disait Salvatore.
Finalement c'est Typhaine qui avait eu une idée géniale, qu'elle voulait maintenant exposer au principal intéressé:
– Dites-moi, vous parlez aussi bien le français que l'arabe, n'est-ce pas?
– Oui, enfin je crois…
– Voyez-vous, je suis un peu ennuyée, depuis que mon collègue, le Docteur Middle est arrivé, et qu'il me remplace dans les camps, je n'ai plus de traducteur, car il a besoin des services de Hassan lui aussi. Alors, je passe mes journées à courir derrière les infirmières saoudiennes pour qu'elles me traduisent ceci, ou expliquent cela à un ma-

lade… c'est une perte de temps considérable, pour elles comme pour moi, alors je me demandais si vous ne voudriez pas me rendre service et me servir de traducteur…
– Mais je ne sais pas si…
– Je suis sûre que vous vous en tirerez très bien. Et puis ça ne coûte rien d'essayer…
– Bon, après tout pourquoi pas, je n'ai rien à faire, alors…
– Bon très bien, oh, j'allais oublier, puisque vous acceptez, vous allez changer de statut, vous ferez partie d'I.M.C. l'organisation humanitaire qui nous a envoyé ici, et de ce fait, vous toucherez une petite rétribution. De plus, vous allez emménager dans le bâtiment du personnel, on vous y a trouvé une chambre.
Il la regardait un peu interloqué…
– Bon, si vous voulez…
– D'accord, alors je vous attends, tout à l'heure, au grand dortoir pour la tournée de 16 heures.
– Très bien, j'y serai.
Typhaine soupira d'aise: celui-là au moins ne retournerait pas dans ces camps du désespoir!
– Attendez! le rappela-t-elle.
L'homme se retourna.
– J'ai pensé, pour pouvoir travailler ensemble plus aisément, il vous faudrait un nom d'emprunt, du moins, jusqu'à ce que vous ayez retrouvé le vôtre…
– Oui,… je n'ai rien contre, vous avez une idée peut-être?
– J'ai pensé à «Théo»…
– Théo? D'où sortez-vous ça?
– Du calendrier tout bêtement, c'est le nom qui y figure, le 9 novembre, le jour où je vous ai découvert, à Hafar… je préfère ça que «Personne». L'homme sourit.
– Bon, va pour Théo alors… et vous, comment dois-je vous appeler? Docteur? Patron?
– Typhaine ira très bien, nous sommes collègues maintenant non? Nous pourrions nous tutoyer aussi… A tout à l'heure!

Salvatore entra dans la pièce, des cartons de fournitures pleins les bras. Typhaine lui en prit quelques uns pour le dégager.
– Alors? Ca marche? Il a accepté?
– Sans problème… Et I.M.C. ils vont marcher eux?
– Mais oui, je te l'ai dit, j'en fais mon affaire!

❖

Théo s'assit avec soulagement sur son lit.
«Ouf, pensa-t-il, c'est qu'elle bombe pour faire sa tournée!»
Ils étaient passés, Typhaine et lui de lit en lit, de salle en salle. Elle avait une attention pour chacun, un sourire, un mot, un regard. Elle auscultait, prescrivait un traitement… Depuis trois jours qu'il avait été «embauché» il avait l'impression de courir un marathon… De plus il fallait se familiariser avec des termes d'anatomie qu'il n'avait jamais trop pratiqués en arabe.
«Voyons comment on dit intestin en arabe, je n'ai pas su le traduire tout à l'heure, en plus, avec cette nouvelle infirmière qui ne parle qu'arabe, j'ai intérêt d'être à la page… Où est-ce que j'ai mis ce dictionnaire médical arabe, que Salvatore m'a passé…»
Il entreprit de fouiller sur la petite table qui prenait une bonne partie de la place dans la minuscule chambre qu'on lui avait donnée. C'est là qu'il avait entassé pêle-mêle tout ce que les deux médecins, Salvatore et Philip lui avait donné: vêtements, nécessaire de toilette, livres… Il n'avait pas encore pris le temps d'organiser la pièce.
En fouillant dans le tas, à la recherche de son livre d'anatomie, il fit tomber un petit livre bleu, qu'il reconnut tout de suite: c'était celui que Typhaine lui avait offert, quelques semaines auparavant. Il le ramassa et commença à le feuilleter. Le livre s'ouvrit de lui même, à l'endroit où était le marque-page. Jusque là, Théo n'avait guère prêté attention au conseil de Typhaine, mais à ce moment là, il se mit à lire… Au bout de quelques instants, son expression devint grave et il relut à plusieurs

reprises le même passage, à haute voix, comme s'il voulait se pénétrer davantage du texte: «...Pendant qu'ils étaient là, le temps où Marie devait accoucher arriva, et elle enfanta son fils premier né. Elle l'emmaillota et le coucha dans une crèche parce qu'il n'y avait pas de place pour eux dans l'hôtellerie...
Oui, c'est ça, il n'y avait pas de place, pensa-t-il...»

Soudain son visage s'illumina. Un mot avait jailli du trou noir de sa mémoire! Prenant le livre, il sortit précipitamment de la chambre et alla tambouriner à la porte de Typhaine. Elle lui ouvrit, un peu surprise... Sans y prêter attention, il la bouscula presque pour entrer, et demanda nerveusement:
– Quel jour sommes-nous?
– Jeudi, pourquoi?
– Non, je veux dire la date.
– Le 6 décembre 1990.
– Le 6 décembre, alors, c'est bientôt... Noël?
– Oui, c'est bientôt Noël, pour... tu as dit Noël?
– Oui, Théo jubilait, je me souviens, l'histoire de Noël, je l'ai lue dans ton livre, je la connais. Tout à coup j'ai vu une scène devant mes yeux, cette histoire jouée en théâtre...
– Une crèche, tu as vu une crèche vivante! C'est merveilleux Théo, ça y est la mémoire te revient! Typhaine riait.
– Oui, je me rappelle de cette scène, et puis aussi, il y a une musique...
– Une musique? Continue...
– Attends, ça me revient, par bribe... Théo se mit à fredonner vaguement un air.
Typhaine le reconnut aussitôt.
– Je le connais, c'est un classique de Noël: «Douce nuit, Sainte nuit»
Théo approuva:
– Oui c'est ça, chante-le encore!
Tous deux se mirent à chanter, d'abord hésitant un peu sur les mots, puis avec plus d'assurance, ce vieux refrain.
– Quoi d'autre encore, que fais-tu dans cette histoire, tu es spectateur?

– Je suis au milieu d'enfants, qui chantent avec moi.
– C'est sûrement un de tes souvenir d'enfance! En tout cas cette fois tu peux être sûr que tu n'es pas musulman, continua-t-elle, mais le plus important, c'est que tu as enclenché le processus, pour retrouver tes souvenirs, tu verras, le reste va suivre.
– Tu crois?
– J'en suis sûre!
– Merci de ton aide… je… il est tard, je vais te laisser, dit Théo, qui réalisa soudain que Typhaine était en peignoir, et qu'elle s'apprêtait sûrement à se coucher au moment de son intrusion. Un peu confus, il prit congé et retourna dans sa chambre d'un pas léger, serrant précieusement le petit livre bleu qui venait de lui rendre un morceau de sa mémoire.

Chapitre IX

La Convocation

Damien ne tenait pas en place; il avait pourtant tout essayé depuis qu'il était debout, ce mercredi matin: la télé, les bédés, il avait même tenté de faire ses devoirs... peine perdue, il n'y avait pas moyen de se concentrer!
Pour la troisième fois en deux heures, il retourna à la cuisine faire une «razzia» dans le placard à gâteaux.
– Mais qu'est-ce qui t'arrive ce matin, mon chéri, je ne t'ai jamais vu dévorer comme ça, tu as l'air complètement sur les nerfs!
– Oui, je sais m'man...
– Qu'est-ce qui ne va pas?
– C'est Marco...
– Il n'est pas bien?
– Non, c'est même de pire en pire...
Jeanne Santonny ne dit rien, mais posant pour un moment, balais et torchon, elle s'assit, attendant la suite.
Damien se décida finalement à lui confier ce qui lui pesait tant:
– Tu comprends, il n'est plus le même depuis les dernières vacances; il a complètement changé, il ne me parle presque plus, enfin, plus comme avant... avant on se disait tout! Et puis il y a Seb!...
– Qui est Seb?
– Sebastien Bulac, c'est un frimeur, un type qui a redoublé au moins deux ou trois fois, il se moque complètement de l'école, tout ce qui compte pour lui, c'est sa mob et ses copains. Des gars et des filles plus âgés, de 16-17 ans... Depuis les vacances Marco va souvent avec eux... il s'est mis à fumer, il s'est même vanté d'avoir fait «la foire» et d'être rentré saoul, ramené par deux gendarmes!...

– Oui, je le savais. Mme Gantien, sa tante, me l'a raconté. Elle a du aller le chercher au commissariat... Je l'ai croisée en faisant les courses, elle en était encore toute bouleversée...
– Je ne comprends pas pourquoi il a changé comme cela... hier il a quitté les cours...
– Comment ça?
– Eh bien entre deux cours Seb est arrivé, il a pris ses affaires et il est parti avec lui.
– Parti?
– Oui, je ne l'ai pas revu après...
Damien s'arrêta devant la fenêtre. D'un revers de la manche, il essuya la condensation et jeta machinalement un regard à l'extérieur. Dans deux semaines ce serait Noël... Dehors, les arbres pétrifiés par plusieurs nuits de gel ressemblaient à de tristes statues...
– Pourquoi est-ce que tu ne vas pas voir s'il va bien ce matin? Essaie de parler avec lui, peut-être qu'il t'expliquera un peu ce qui lui arrive; vous êtes de si bons amis, je suis sûre que tout cela va s'arranger...
– Oui, tu as peut-être raison... m'man? Est-ce que je peux l'inviter à venir en vacances avec nous, pour les fêtes?
– Si tu veux mon chéri, propose-le lui...
Comme chaque année, les Santonny passeraient les fêtes dans un appartement prêté par des amis, en Haute-Savoie... Marco les y avait déjà accompagnés plusieurs fois et cela avait toujours été de bons moments de détente à skier dans la poudreuse. Sans parler des longues veillées, confortablement installés près du feu de cheminée.
Ragaillardi par ces souvenirs, Damien, après avoir enfilé bottes et manteau, prit rapidement le chemin de l'immeuble voisin.
C'est Tina qui vint lui ouvrir.
– Ah, bonjour Damien...
– Bonjour! Marco est là?
«Comme elle a l'air triste», pensa-t-il.
– Oui, entre... Il dort encore, comment va ta maman?
– Bien, merci.
– Va donc le réveiller... il est rentré tard cette nuit, j'étais inquiète...

Soudain elle baissa la voix, tandis qu'apparaissait Robert sur le seuil de la chambre. Il prit son manteau dans l'entrée, et il marmonna en sortant en guise d'explication:
– Je vais à l'A.N.P.E., voir s'il y a du boulot.
La porte se referma derrière lui.
– L'A.N.P.E… tu parles… Tina secoua la tête d'un air las. Je sais bien où elle est son A.N.P.E., au coin de la rue, au bistrot! Bon, eh bien il est presque onze heures, alors dis à Marco qu'il est temps de se lever!
Damien entra dans la chambre, et, d'un geste vif écarta les rideaux:
– Debout là dedans! C'est l'heure!
Marco ronchonna:
– Ferme, j'ai mal à la tête… laisse-moi… je veux dormir!
Et se tournant face au mur, il enfouit sa tête sous l'oreiller…
Histoire de dire quelque chose, Damien reprit:
– Tu sais qui m'a téléphoné? Alain, il m'a dit qu'il a essayé plusieurs fois de te joindre depuis que tu étais passé chez lui. Il propose d'aller voir un match de basket samedi… qu'est-ce que tu en dis?
– J'en dis que ce type est un nul et que son match, il peut y aller sans moi! Voilà ce que j'en dis!
– Bon… comme tu voudras…
Un silence pesant se fit dans la pièce. Marco, énervé, envoya valser son oreiller par terre. Couché sur le dos, il se mit à inspecter le plafond.
– Qu'est-ce que tu as?
Damien, appuyé contre la paroi, le regardait d'un air perplexe.
– Mais rien…
– C'est à cause de ton père?
– ….
– Enfin, pourquoi tu me fais la gueule! Tu ne me parles plus… qu'est-ce que je t'ai fait à la fin, dis-le moi, on s'explique une bonne fois et puis voilà!
Sans le vouloir Damien avait haussé un peu le ton; toute la passion, l'inquiétude qu'il avait de voir son ami, celui qui avait toujours été si proche, changer d'attitude et s'éloigner de lui sans explication, étaient montées à la surface. Il avait besoin de comprendre.

– J'en ai marre, là! Tu comprends? Marre de tout ça, de cette routine, on fait presque toujours les mêmes choses, on parle toujours aux mêmes personnes.J'ai envie de changement, tu peux le comprendre ça?
– Bon, ça va, j'ai compris! Salut!
Et sur ces mots, Damien partit en claquant la porte, donnant juste au passage une vague salutation à Tina stupéfaite, qui le vit sortir à toute vitesse de l'appartement. Elle secoua la tête… décidément, rien ne semblait vouloir s'arranger:
«Qu'est-ce que je vais bien pouvoir faire, s'il se dispute même avec Damien…»
Dans son lit, Marco se sentait très mal à l'aise… il avait conscience, même s'il ne tenait pas trop à se l'avouer, d'avoir mal réagi aux reproches de Damien. Plutôt que d'essayer d'exprimer le malaise, le mal être qu'il sentait grandir en lui depuis ces derniers mois, il avait préféré lui «fermer la porte au nez»… Il ne voulait plus penser, réfléchir, tout cela était trop douloureux; ce dont il avait besoin, c'était au contraire d'oublier, de fuir, et pour ça Seb était un bon compagnon. Même si la soirée de la veille n'avait pas du tout été une réussite…
Tout avait pourtant bien commencé, ils s'étaient rendus dans un appartement vide, un squat dans un vieil immeuble bordant l'autoroute. A leur arrivée, en fin d'après-midi, il y avait déjà une bonne ambiance: musique, garçons et filles chahutant. Marco avait «descendu» sa première bière.
Puis il avait dansé un peu avec Katia, une petite blonde, qui avait l'air de le trouver sympa. C'est au moment ou ils retournaient s'asseoir dans un coin, pour discuter, que Seb était venu lui «en» apporter pour qu'il essaye… sûr qu'il ne le ferait pas deux fois!…
Tout de suite, il avait été dérangé par l'odeur particulière de la cigarette.
– Qu'est-ce que tu fumes?
– Un joint tiens!… tu veux essayer?
Marco avait fait une grimace peu convaincue; Seb avait pourtant insisté:

– Tu ne sais pas ce que tu rates… c'est planant… tu en veux Katia?
– Sûr!
La jeune fille avait pris soigneusement entre deux doigts la cigarette grossièrement roulée à la main et avait aspiré lentement et profondément, les yeux mi-clos, avant de la tendre à Marco:
– Essaie donc, à moins que tu ne sois une petite nature? avait-elle ajouté, l'air moqueur…
Marco s'était senti piégé; refuser c'était passer pour un idiot, devant Seb, et ça il ne le voulait à aucun prix. Sans parler de Katia, une fille plus âgée qui allait le prendre pour un gamin…
– Bien sûr que non, avait-il rétorqué en prenant la cigarette qui lui était présentée. A son tour il avait aspiré profondément, mais après quelques minutes, il s'était senti mal, pris de violentes nausées et il n'avait eu que le temps de courir dans un coin… pour vomir .
Manifestement, le mélange bière-marijuana ne lui convenait pas du tout et il avait passé le reste de la soirée à se traîner, «malade comme un chien», attendant que Seb veuille bien le ramener.
A son retour à l'appartement, il avait trouvé Tina, inquiète, qui n'était pas allée au travail pour l'attendre.
– D'où est-ce que tu viens? Ca ne t'as pas suffi l'histoire de l'autre fois? Tu as recommencé?…
Marco, sans répondre, s'était dirigé vers la porte de sa chambre.
– Marco! Je te parle! Je t'interdis d'aller encore avec ce garçon, tu as compris?
«Oui, ç'est vraiment bien le moment de me faire la morale…», pensa-t-il avant d'ajouter:
– Je peux aller me coucher?
– Non, viens par là. Mais tu empestes ma parole, où est-ce que tu es allé te traîner?… Tu es dans un état!
– Nulle part, on était chez un copain, et puis j'ai commencé à me sentir mal, je ne sais pas ce que j'ai attrapé, sûrement une gastro-entérite!
Marco mentait effrontément, pour la première fois de sa vie. Oh il avait bien fait un petit mensonge de temps à autre, mais là, il était prêt à inventer un roman et ça ne lui ressemblait pas…

– Malade? Pourquoi est-ce que tu ne t'es pas fait ramener au lieu de rentrer à minuit?
– Je voulais rentrer, et je l'ai dit à Seb, mais le copain chez qui on était, habite assez loin, et «manque de pot», Seb est tombé en panne sèche… alors, le temps qu'une voiture nous dépanne… je me suis assis au bord du fossé. Qu'est-ce que j'ai été malade…

Jetant un coup d'œil à sa tante pour évaluer l'effet de ses paroles, il s'était rendu compte que son histoire, cousue de fil blanc, semblait faire recette…
Tina était en train de fouiller dans la pharmacie.
– Tiens, prend cet anti-vomitif et enlève-moi ces habits sales.
Avec toute sa sollicitude habituelle, elle l'avait aidé à se déshabiller.
«Voilà un bon moyen d'éviter les reproches, avait-il pensé, elle n'y a vu que du feu».
Mais si c'était un si bon moyen, pourquoi s'était-il donc senti si mal à l'aise?…

La sonnette de la porte d'entrée retentit. Marco tendit l'oreille. C'était peut-être Damien qui revenait… non, c'était une voix d'homme . Intrigué, il se leva et entrebâilla la porte de sa chambre: c'était un policier! Son cœur bondit… c'était sûrement à cause de lui, peut-être que la police venait l'arrêter parce qu'il avait fumé de la drogue!
– Mme Gantien? J'ai ordre de vous remettre ceci…
– Qu'est-ce que c'est? Une convocation de la Préfecture? Pour quel motif?
– Je ne sais pas, vous avez là l'heure et la date, voilà . Au revoir Madame.
Tina referma la porte et voyant Marco à l'entrée de sa chambre, elle dit, moitié pour lui moitié pour elle-même:
– Pourvu que ce soit une bonne nouvelle!

La convocation était pour l'après-midi même. Elle s'y rendit, le cœur serré.
«C'est sûrement à propos de Flavio; peut-être qu'ils ont enfin pu avoir des renseignements, et que mon insistance à leur téléphoner a servi».
La réceptionniste lui indiqua l'étage, et le bureau où elle était attendue: celui de M. Le Préfet en personne!
Sa secrétaire l'introduisit dès son arrivée. Tina entra dans une grande pièce claire, meublée avec goût. M. le Préfet, qui était à son bureau, se leva en la voyant entrer.
– Mme Gantien? Bonjour! Il lui serra chaleureusement la main.
– Oui, c'est moi, bonjour Monsieur…
– Vous êtes bien la sœur de M. Flavio Messina?
– Oui, oui, c'est cela, vous avez de ses nouvelles? Est-ce qu'il va bien?
– Oui et non…
– Comment cela?
– Madame, ce que j'ai à vous dire n'est pas facile… La voix de son interlocuteur s'était faite grave, il toussa nerveusement.
Tina sentit un terrible pressentiment l'envahir. Le magistrat continua:
– Il y a une semaine environ, une patrouille de l'armée saoudienne a retrouvé sur la frontière, à 25 km à l'est de Minaguich, le corps d'un homme, mort depuis plusieurs semaines. Ils ont retrouvé sur lui différentes affaires personnelles. Mais ils n'ont toutefois pas pu l'identifier d'après ces documents, car hélas, dans le désert, il y a pas mal d'animaux sauvages… M. le Préfet n'eut pas le courage d'en dire plus. Il s'épongea le front avec son mouchoir et avala sa salive avec difficulté.
Tina ne disait rien, mais son visage était très pâle.
– Voilà les objets en question, reprit son interlocuteur en lui tendant une poche de papier kraft. Voulez-vous s'il vous plaît me dire si vous les reconnaissez?
Tina sortit de la pochette un portefeuille de cuir noir qu'elle reconnut aussitôt, un agenda et une chevalière aux initiales «F.M». Elle éclata en sanglots.
– Vous reconnaissez ces objets, Madame?

Tina ne put répondre, mais sa détresse même était éloquente.
– Madame, croyez-vous que votre frère ait pu se séparer de ces objets, les céder pour une raison quelconque?
Tina d'une main tremblante ouvrit le portefeuille. La photo de Marco était toujours là.
– Jamais il ne se serait séparé de la photo de son fils.
– On a peut-être pu le lui voler?
– Le portefeuille oui, mais pas la chevalière; elle ne quittait jamais son doigt. Il n'arrivait plus à l'enlever et c'est sa femme qui la lui avait offerte, peu avant son accident...
– Son accident?
– Mon frère était veuf à cause d'un chauffard...
– Pardonnez-moi... Croyez que je suis désolé Madame, comprenez-moi, je me devais de vous soumettre à cette démarche, aussi pénible soit elle. Je suis tenu de donner suite à ce dossier.
– Donner suite?
– Oui, veuillez signer ce document signifiant que vous avez formellement reconnu ces objets. Il sera joint au dossier pour l'assurance. Afin que vous puissiez être indemnisés. Ce sera votre seule consolation, votre frère déclaré décédé, l'assurance pourra être sollicitée, alors que tant qu'il restait disparu... D'autre part, je dois vous aviser que conformément à la loi en vigueur, vous serez bientôt convoquée par le juge de tutelle.
– Le juge de tutelle? Je ne comprends pas!
– Votre neveu étant orphelin, il y a toute une procédure qui va être mise en route pour s'assurer de son avenir.
– Vous n'allez pas me l'enlever, pas mon petit!
– Non, Madame, rassurez-vous. Il y aura juste une enquête de routine, exécutée par les services sociaux et une procédure simple pour que votre neveu puisse vous être légalement confié. Voilà, je vous remercie d'avoir répondu à ma sollicitation. Permettez-moi aussi de vous présenter mes sincères condoléances .
– Mais... et le corps, vous allez me le faire rapatrier?
– Hélas non, vous savez, c'est au fin fond du désert. En plus, l'armée

saoudienne est sur pied de guerre et dans ces conditions, on pare au plus pressé. Le corps de votre frère a été enseveli dans une oasis pas très loin de là, en toute dignité, je vous prie de le croire.
Tina secoua la tête, et, choquée, sortit du bureau, serrant dans ses bras la pochette contenant tout ce qui restait de son frère…
Le préfet se rassit à son bureau, s'épongeant à nouveau avec son mouchoir.
«Bon sang, heureusement que je ne fais pas cela tous les jours, pensa-t-il, sale boulot».
Et prenant son stylo, il inscrivit sur la page de garde du dossier Messina: décédé.
Puis, il ajouta au dossier une note pour sa secrétaire:
«A transmettre aux services sociaux et au juge des tutelles».

❖

Lentement Tina tournait les pages du vieil album de photos, faisant rejaillir maints souvenirs…
Deux jours avaient passé depuis son entretien avec le Préfet, et elle n'avait pas encore trouvé le courage d'en parler à Marco…
En fait, elle lui avait même menti en rentrant de la Préfecture, prétendant qu'on lui avait juste fait signer des papiers sans importance… Tant qu'elle ne disait rien, il lui semblait qu'elle laissait vivre l'espoir. Elle n'arrivait pas à se résoudre à l'évidence: Flavio était mort, sûrement dans des conditions atroces… et c'était elle qui devait l'annoncer à Marco! Elle n'en n'avait pas la force, tout simplement.

La porte d'entrée claqua, prise de panique, Tina rangea rapidement l'album et la pochette contenant les affaires de Flavio.
Robert entra dans la chambre.
– Qu'est-ce que tu fais?

– Rien, rien,… je regardais quelques photos…
– Qu'est-ce que c'était cette convocation à la Préfecture, tu y es allée?
– Oui, ce n'était rien d'important…
Robert tenait à la main la convocation qu'elle avait oublié de jeter.
– Je ne te crois pas! Tu me prends pour un idiot ou quoi? Ca fait deux nuits, que tu n'arrêtes pas de pleurer. Qu'est-ce qu'ils t'ont dit? Il est mort? C'est ça?…
– ….
– C'est ça! J'en étais sûr! Ca devait finir comme ça! Je m'en doutais, qu'on allait se retrouver avec le gosse sur les bras. Robert lança une bordée d'injures.
– N'en parle pas au petit, tu m'entends? C'est moi qui le lui dirai!
– Mais oui, mais oui… Sans plus s'occuper d'elle, Robert se prit une bière dans le frigo avant d’aller s'installer devant la télé .

Damien se dirigeait rapidement vers la sortie du collège. Ce n'était pas le moment de traîner, il lui fallait encore donner un coup de main à sa mère pour les valises. Ils partaient très tôt le lendemain pour la Haute-Savoie, de manière à éviter les bouchons.
Tout à coup, une mobylette surgit de sa droite, et vint lui couper la route.
«Seb… encore lui…» constata-t-il, tout en faisant un écart pour éviter la mob.
– Alors, Santonny, on ne dit pas au revoir aux copains, avant les vacances?…
Damien sentit la colère lui monter à la gorge.
– Depuis quand tu fais partie de mes copains?…
– Ouais, c'est pas sympa ça, vous entendez les gars, Damien n'est pas notre copain, t'as entendu Marco?

Damien tourna le tête. Marco étais là, en effet, ainsi que toute la «bande à Seb». Ils avaient manifestement décidé de se prendre «un peu de bon temps aux dépends de quelqu'un, et c'est lui qui avait été choisi aujourd'hui... Il nota cependant que Marco n'avait pas vraiment l'air fier de la situation. Il ne leva pas la tête pour le regarder dans les yeux, trop occupé à écraser sa cigarette avec la pointe du pied...
Regardant Seb à nouveau, Damien répliqua:
– Non, j'ai mieux à faire, que de m'occuper de types comme toi!
– Pourquoi, maman ne te le permet pas?
Des rires fusèrent.
– Laisse-moi passer!
– Tu n'as pas répondu à ma question!...
– Je n'ai pas à y répondre!
D'un geste vif, décuplé par la colère, Damien saisit le guidon de la mob et la repoussa de manière à se frayer le passage. Devant son air décidé, les autres s'écartèrent. Seb lança encore:
– Dépêche-toi Santonny, maman doit attendre son petit poussin...

Tous s'esclaffèrent. Tous sauf Marco qui le regarda s'éloigner. Il eut soudain une immense envie de courir derrière lui... mais il n'y céda pas... c'était trop tard... Quand Seb s'était moqué de lui, en le prenant à témoin, il n'avait rien fait, un vrai lâche!...
Il avait gâché dix ans d'amitié; c'était sa faute.

Chapitre X

La fuite

Seb fit bruyamment ronfler le moteur de sa mob, et, dans un crissement de pneus, freina brutalement pour s'arrêter au bord du trottoir, à quelques pâtés de maisons du domicile de Marco. Celui-ci descendit du porte-bagages, pas mécontent d'être arrivé. C'était tout de même moins confortable que le bus comme moyen de transport; surtout avec un cartable plein à craquer en cette veille de vacances de Noël. Seb recommença d'activer les gaz...:
– Bon, je viens te chercher demain alors? Vers 18 heures, tu verras, on va fêter Noël avant tout le monde, à notre manière. Au fait, tu ne pourrais pas amener un peu «de quoi»? Je veux dire de la bière, du whisky, enfin ce que tu trouveras; Jojo c'est fait prendre, en train de faucher dans le camion de livraison, au resto de son père, ce qui fait qu'on est un peu à sec... Ou alors, amène de la «thune», il faut qu'on se cotise, pas vrai?
– Ouais,... je vais voir ce que j'ai...
– Ta tante, elle doit bien avoir un peu de pognon planqué quelque part?
Marco éluda la question:
– Allez, salut, à demain.
– Ouais, salut, et n'oublie pas: prend ce qu'il faut...

La mob démarra dans un nuage de fumée bleutée qui s'envola dans le froid de la nuit tombante. Marco frissonna; il allait encore geler cette nuit. Le ciel était clair et le vent mordant. Il remonta un peu plus la fermeture éclair de son blouson et remit en place son écharpe puis, les mains dans les poches, cartable sur l'épaule, se dirigea vers son immeuble.

«Il y va un peu fort quand même, pensa-t-il, faire la foire, boire un peu, passe encore, mais faucher l'argent de Tata Tina… là non. Si je faisais ça, je ne pourrais jamais plus me regarder en face…».

– Alors, Marco, c'est à cette heure que tu rentres?
Tournant la tête, Marco aperçut Robert qui venait dans sa direction, d'un pas visiblement mal assuré.
«Oh non, pas lui, il est encore saoul…»
– Tu sais que ce n'est pas bien de laisser ta tante seule, tu devrais rester près d'elle… moi, elle ne me veut pas… mais elle est si triste tu sais, ça je l'ai bien vu. Même si elle veut me faire des cachotteries, et bien moi, je comprends tout, tu vois, parce que mine de rien, il y en a là dedans…
Robert se rattrapa de justesse à la paroi de l'abri de bus à laquelle il s'agrippa pour ne pas tomber sur le trottoir.
Marco le regardait, partagé entre pitié et dégoût; pour une fois, il avait l'alcool sentimental; ça changeait un peu. Son teint était rouge, presque violacé et ses yeux vitreux. Il avait dû boire plus que quelques bières… Pour l'instant, il s'évertuait à sortir un papier de sa poche, tout en continuant à marmonner son monologue d'ivrogne:
– …c'est vrai que je l'ai entendue pleurer! Moi, je dis que la vie est une chienne de vous avoir fait ça à tous les deux. Il faut que tu ailles la consoler, je te dis. Et toi, pauvre petit, avoir perdu père et mère…
– Tais-toi, vieil ivrogne! Mon père est vivant, tu entends?
Robert avait relevé les yeux et regardait Marco moitié hilare, moitié tragique:
– Pauvre petit, je sais que je bois un peu, mais ce qui est écrit sur la lettre, je l'ai pas inventé quand même; en plus, la mort de ton père va au moins nous rapporter du fric, c'est toujours ça. Ils peuvent bien cracher un peu leur argent, les patrons, envoyer leurs employés au «casse-pipe». Et leurs familles alors? Allez viens, on va aller parler de tout cela au chaud, avec un verre… tu sais boire maintenant, non?
Tout en parlant, Robert agitait sous les yeux de Marco le papier, ou plutôt la lettre….

– Et puis s'il n'est pas mort, comment ça se fait, qu'ils nous auraient envoyé ça, hein? Et si tu veux toujours pas me croire, demande à Tina ce que le préfet lui a raconté. C'est depuis là qu'elle n'arrête pas de pleurer et qu'elle cache des affaires dans la table de nuit.
Robert avait changé de ton, il devenait agressif. Marco saisit la lettre, le cœur soudain serré par l'angoisse: elle datait de la veille et venait de la Darbo, elle était adressée à Tina.

Madame,

Ayant reçu de la Préfecture les documents attestant de la découverte, le 15 décembre courant, du corps de M. Messina, sur la frontière koweito-saoudienne, nous venons par la présente, vous présenter nos plus sincères condoléances.

Nous nous permettons aussi de vous assurer que nous traiterons avec la plus grande célérité le dossier d'indemnisation afférent au contrat de travail de M. Messina. Pour la bonne marche de cette procédure, nous vous prions de bien vouloir nous adresser, dès qu'ils seront en votre possession, les documents attestant de par la loi, de vos qualités de tutrice de son fils.

Dans l'attente…

Marco était devenu très pâle. Les lèvres serrées, il chiffonna la lettre et la jeta dans le caniveau. Puis, plantant là Robert toujours affalé contre l'arrêt du bus, il courut comme un fou vers l'immeuble, monta les escaliers quatre à quatre… La porte était fermée, Tina n'était pas encore revenue de ses courses. Fébrilement il chercha sa clef, ouvrit la porte et se précipita dans la chambre à coucher… Saisissant la poignée du tiroir, il tira violemment et tout son contenu se renversa sur le sol. Il y avait là le vieil album de photos de Tina, celui qu'il connaissait par cœur; une pochette de papier kraft en avait glissé au moment de la chute. Il la prit et en renversa le contenu sur la moquette. Quelques secondes, il resta pétrifié en reconnaissant le portefeuille et la chevalière…

Sa photo était encore dans le portefeuille, à l'endroit où son père l'avait mise un an auparavant, à Noël, quand il la lui avait offerte:
«Tiens Papa, je te donne cette photo, comme ça, même quand tu n'es pas là, je reste avec toi…»
«Papa est mort…!»

Marco tourna cette phrase dans sa tête, éperdument, sans parvenir à en réaliser vraiment la signification; il était groggy, assommé.
Puis la colère prit le dessus, il la sentit monter jusqu'à l'étouffer:
«Pourquoi est-ce qu'elle m'a menti, elle n'avait pas le droit!»
A son tour la colère laissa place à un grand froid, un grand vide, il eut l'impression que son cœur aussi mourait à petit feu… des minutes passèrent, lentes, lourdes…
Puis, il se leva, remit tout en place, sauf la chevalière qu'il glissa dans sa poche: sa mère l'avait donnée à son père, maintenant elle lui revenait. Sa décision était prise: il allait partir. Partir le plus loin possible, et surtout, tout faire pour qu'on ne le retrouve pas! Il irait loin… Mais où?…
A part Tina, il n'avait pas de famille. Quant à celle de Robert il ne la connaissait pas et de toute manière il lui fallait aller dans un endroit auquel personne ne pourrait penser, ni venir le chercher…

Tout en réfléchissant, Marco avait regagné sa chambre et il commença à rassembler quelques affaires dans son sac. Heureusement, Robert ne l'avait pas suivi; il avait dû regagner son «comptoir». Quant à Tina, il y avait beaucoup de monde en ville et cela l'avait sûrement retardée.

Marco s'interrogeait: «Alain? Non, c'était tout à fait le genre à le sermonner, puis à appeler Tina pour qu'elle vienne le rechercher. Seb? Non plus, il avait envie de prendre le large par rapport à lui aussi, leur relation n'avait laissé dans son cœur qu'un goût amer, rien qui fasse du bien. Il avait perdu Damien, son ami, son frère presque… De toute manière Seb n'aurait rien d'autre à lui proposer pour s'abriter, qu'un squat sale, ouvert à tous les courants d'airs, non…»

Tout à coup son regard se posa machinalement sur le mur, au dessus de son lit, là où étaient accrochées ses cartes postales et photos préférées… Il sut! D'un bond, il sauta sur le lit, et décrocha la photo offerte par Damien, celle où il montait Perle, la jument.
«Chez Philippe, je vais aller chez Philippe!…»
Rapidement, il termina son sac, remit sa chambre en ordre, comme il l'aurait fait avant un départ en vacances, il fallait que tout ait l'air normal; ensuite, il alla dans l'entrée et ouvrit la grande armoire. Il ne pouvait pas aller jusqu'en Suisse à pied ou en stop, surtout par ce froid. Il lui fallait de l'argent. C'est là que Tina le cachait, il le savait. Là, sous la pile de droite, elle avait sa réserve qu'elle cachait à Robert. Après une légère hésitation, Marco plongea la main sous la pile et la ressortit avec une petite liasse de billets de 200 Fr. Il en prit trois et remit le reste.
«Elle m'a menti, pensa-t-il, pour justifier son acte, elle n'avait pas le droit, pas elle!»
Ensuite il alla à la cuisine, et écrivit sur l'ardoise à messages, au dessus du frigo:

Tata, finalement, je pars à la montagne avec Damien pour les fêtes.
Je dors chez lui ce soir.

Au revoir
Marco

– Comme ça, on ne s'inquiétera même pas de mon absence avant la fin des vacances!
Il quitta l'appartement, l'air de rien, et prit le bus. Direction: la gare SNCF.
Il était 19h. Dans les rues, les gens se hâtaient, pressés sûrement de se retrouver chez eux au chaud. A travers la vitre du bus, Marco regardait les illuminations multicolores parant les magasins, les places et les rues. Des haut-parleurs diffusaient des chants traditionnels et des messages publicitaires… Il se rappela combien, petit, il aimait rester dans la rue à admirer toutes les lumières clignotantes et scintillantes

qui, dans le froid, annonçaient déjà la chaleur, les cadeaux et les chocolats... Noël... Il eût un sourire amer... Son cadeau de Noël, il l'avait déjà cette année... Et du bout des doigts, il effleura la chevalière de son père dans sa poche...

❖

«Le T.G.V. 3842, Lyon-Strasbourg va entrer en gare. Veuillez s'il vous plaît vous écarter de la voie...». Marco ouvrit les yeux et s'assit, l'air un peu hébété. Il lui fallut quelques secondes avant de se souvenir, pourquoi il était là, couché sur le banc d'un hall de gare. Il sortit sur le quai pour prendre l'air. Sur le mur, une grande pancarte indiquait «Lons-le-Saunier».
Il y était arrivé la veille, vers 23h30, par un autre T.G.V., pour apprendre que sa correspondance était annulée, à cause d'une voie encombrée par un petit glissement de terrain. Il n'avait pas eu d'autre choix que de dormir dans le hall, en attendant que la correspondance avec Pontarlier, la ville frontière soit rétablie. Marco regarda sa montre: 6h30... Il avait faim, froid aussi. Il réussit à obtenir un paquet de bonbons d'un vieux distributeur branlant... Au guichet des renseignements, on lui apprit que la ligne passant par Pontarlier était rétablie, et qu'il aurait un train à 7h05. Encore une demi-heure d'attente...

Il faisait encore nuit. Pour passer le temps et se réchauffer, Marco se mit à arpenter la gare de long en large. On aurait dit que l'aiguille de l'horloge n'avançait jamais... Finalement, l'omnibus attendu entra en gare. S'il n'était ni très récent, ni très confortable, il était au moins chauffé, et c'était le principal!

La journée s'annonçait belle mais froide; le ciel était dégagé, il y avait eu une forte gelée... Marco s'étira, puis se cala dans l'angle d'une fenêtre, sur la banquette de similicuir marron. Il se sentait bien, libre. Plus personne sur le dos, à l'ennuyer ou lui demander des comptes...

Une seule légère inquiétude: «Et si les Wieler n'étaient pas là?… Mais non, raisonna-t-il, on ne peut pas laisser du bétail sans personne pour en prendre soin».
Il repensa à Galopin, le petit veau qu'ils avaient vu naître. Il devait être grand maintenant, et puis à Perle aussi… Pourvu que Philippe la lui laisse monter à nouveau…
«Qu'est-ce que je vais leur raconter pour expliquer ma présence? Pas la vérité en tout cas… bah, je trouverai bien quelque chose!»
Bercé par la chaleur et le cliquetis régulier du train, il s'endormit.

Une vingtaine de minutes plus tard, ce fut le contrôleur qui le réveilla:
– Eh! Petit! Ton billet s'il te plaît!
Marco sursauta.
– Quoi? Ah oui! Pardon, je dormais, tenez…
– Merci, on arrive à Pontarlier dans cinq minutes.
– Merci M'sieur!
Pontarlier… Il allait falloir qu'il trouve une solution et un autre moyen de locomotion. D'après la carte qu'il avait consultée à la gare, à Lyon, il y avait environ trente kilomètres de cette ville jusque chez les Wieler, mais il y avait un petit problème: la personne qui lui avait délivré son ticket lui avait bien recommandé de se munir de l'autorisation de ses parents pour pouvoir passer le contrôle douanier… Non, il valait mieux descendre du train avant la frontière et trouver une autre solution. Passer la frontière incognito, ne laisser aucune trace; d'ailleurs il avait sa petite idée…
L'omnibus freina et finalement stoppa. Marco descendit et s'engagea dans le passage sous voies. Deux minutes plus tard, il se retrouvait sur la place de la gare. 7h40… parcourant la place du regard, il trouva tout de suite l'indication recherchée: sur un panneau de signalisation, ces simples mots «La Suisse».
Chargeant son sac sur son épaule, il partit d'un bon pas dans la direction indiquée. La rue longeait le Doubs. La rivière coulait doucement entre les rives enneigées; le jour se levait. La neige tassée sur le trottoir crissait sous les semelles de ses baskets. Il marcha un bon kilomètre,

avant de trouver ce qu'il cherchait: une station d'essence. Il avait décidé de s'y poster et de tenter de trouver un automobiliste se rendant en Suisse, qui accepterait de l'y emmener…

Marco poussa la porte d'entrée de la boutique de la station. Depuis un quart d'heure, il «battait la semelle» à l'extérieur et ses pieds commençaient à s'engourdir. Il acheta un paquet de gâteaux secs et continua d'attendre, mais à l'intérieur cette fois.
Quelques instants plus tard, une Golf arriva en trombe aux pompes. Un jeune homme en sortit, se servit rapidement, et, au pas de course, vint payer son «litrage».
– Alors, Christian, t'es tombé du lit ou quoi ce matin? lui demanda le pompiste en lui rendant la monnaie.
– M'en parle pas, la voiture ne voulait pas démarrer…
– Tu vas te faire tirer les oreilles, les Suisses aiment la ponctualité…
– Je sais, ce n'est pas ma faute..
Marco, à qui le mot «Suisses»avait fait dresser l'oreille, tenta sa chance:
– Pardon M'sieur, vous allez en Suisse?
Le jeune homme se retourna:
– Oui, et je suis pressé, pourquoi?
– Je vais chez des amis en vacances, mais j'ai raté ma correspondance…
– Tu vas où?
– A la Brévine.
– Je ne vais pas jusque là, mais je peux t'emmener un bout, mais vite alors, je suis en retard!
Marco ne se le fit pas répéter deux fois… Il monta dans le véhicule et fit passer son sac à l'arrière. A peine sa portière était-elle fermée que la voiture démarra.
Le conducteur était visiblement très pressé, il roulait vite sur la route enneigée et Marco ne se sentait pas vraiment rassuré. Parfois dans les virages, le train arrière dérapait… de toute évidence, son chauffeur connaissait le trajet sur le bout des doigts.

«Je parie qu'il se croit au rallye de Monte-Carlo» pensa Marco, tout en s'agrippant au siège, alors qu'une fois encore, l'arrière dérapait et que les roues patinaient quelques secondes, dans l'amas de neige en bordure de la route; le moteur ronfla, Christian rétrograda puis accéléra doucement pour ne pas partir en tête à queue… la voiture repartit gentiment, Marco respira de nouveau… Son chauffeur lui jeta un coup d'œil:
– Ça va? Tu n'as pas eu trop peur? Je ne m'en méfie jamais assez de ce tournant, ce n'est pas la première fois que je m'y mets de travers… Mais c'est une vraie patinoire ce matin… Tiens, on arrive à la frontière. J'espère que tu ne fais pas de contrebande, ajouta-t-il avec un sourire…
La barrière du poste français était levée. Ils passèrent doucement. Personne. Le douanier était de l'autre côté, occupé à contrôler une autre voiture. Ils approchèrent le poste suisse. Marco vit trois ou quatre douaniers. L'un d'eux sorti, jeta un bref regard dans la voiture, et ouvrit la barrière, sans autre formalité.

– Ils ont l'habitude, commenta Christian, je passe ici cinq fois par semaine, matin et soir depuis trois mois, alors ils ne me contrôlent même plus…
«Quelle veine, pensa Marco, maintenant je suis tranquille!»
– Bon, je vais te laisser au petit village là-bas, il te restera environ 15 kilomètres à faire pour arriver à la Brévine…
– Merci, j'essaierai de trouver quelqu'un d'autre…
La Golf freina sur la place du village.
– Tu continues tout droit, la route qui monte, allez salut, et bonnes vacances!
Marco n'eût pas même le temps de le remercier, à peine le temps de récupérer ses affaires, que Christian avait déjà redémarré.

Son sac sur l'épaule, il entreprit de marcher dans la direction indiquée. Il n'avait pas fait trois cents mètres, qu'il entendit derrière lui le bruit d'un moteur. Se retournant, il marcha à reculons, pouce tendu.

C'était une vieille 2CV grise, au moteur pétaradant, qui, fumant tant et plus, peinait passablement dans la montée.
«Si jamais elle me charge, il faudra pousser pour la faire redémarrer, pensa Marco…»
La voiture était conduite par un vieux monsieur, avec une casquette de feutre sur la tête. Arrivé à la hauteur de Marco, il ralentit et s'arrêta à mi-côte. Marco courut et ouvrit la portière.
– Où vas-tu petit?
– A la Brévine!
– Tiens, moi aussi! Allez, monte!
Aussitôt dit, aussitôt fait. La portière claqua, Marco cala tant bien que mal son sac entre ses jambes. Le vieux monsieur donna un coup d'accélérateur et tenta un démarrage en côte, plutôt laborieux.
– Vous voulez que je pousse? demanda Marco.
– Non, non, ça va aller, ça va aller…
En effet, petit à petit, la 2CV prit, non pas de la vitesse, mais du mouvement. Il lui fallut plusieurs minutes pour gravir la côte qui était rude.
– Tu m'as coupé mon élan, commenta tranquillement son nouveau chauffeur, mais elle en a vu d'autres…
«J'imagine», pensa Marco.
La route continuait de monter, tout en s'enfonçant dans une forêt de grands sapins. Il sembla à Marco qu'ils étaient encore plus imposants que dans ses souvenirs, ou alors, c'était peut-être à cause de leur habit de neige que le soleil matinal faisait scintiller doucement.
– Il a fait froid cette nuit, reprit le conducteur, pas loin de -20°. Mais tu n'es pas d'ici toi, je ne t'ai encore jamais vu?…
– Non, je suis de Besançon…
– De Besançon? Et tu fais du stop par ce froid? Tu as bien du courage…
– Je vais chez des cousins, inventa Marco, mais j'ai raté le bus. Alors je continue en stop.
– Et qui est-ce, tes cousins?
– La famille Wieler.

– Tu vas chez Didier? Tiens, je ne savais pas qu'il avait de la famille à Besançon…
– Oh, on est cousins éloignés… vous les connaissez?
– Je pense bien. Mais tu sais, ici tout le monde se connaît.
Lentement, les kilomètres défilaient et tout à coup, apparut la vallée, grand couloir blanc… avec de chaque côté son rempart de forêt. Ça et là, on devinait les fermes éparpillées à la volée, enfouies sous leur manteau neigeux. Tout le long, le ruban de la route serpentait de l'une à l'autre.
Marco chercha le lac du regard; il était tout au fond brillant comme un miroir, gelé sur toute sa surface.
– Tu vas pouvoir faire du patin à glace, commenta le vieil homme. Te voilà presque arrivé. Tu restes là longtemps?
«Qu'il est curieux», pensa Marco, et à haute voix il ajouta:
– Quelques jours…
– Eh bien tu leur diras que le vieil Henri les salue, tu n'oublieras pas?
– Non, non M'sieur, promis…
– Te voilà à destination…
La 2CV ralentit et s'arrêta au bord du chemin menant à la ferme.
– Au revoir M'sieur, merci.
– Au revoir, et joyeux Noël…
La voiture redémarra poussivement, dans un nuage de fumée noire.
Marco s'engagea sur le chemin de la ferme. La neige changeait beaucoup le paysage… il avait presque de la peine à le reconnaître, ainsi que la maison… mais qu'est-ce donc qui manquait?… Mais oui, évidemment, à cette saison, elle n'avait plus de fleurs aux fenêtres… Elle avait pourtant toujours l'air aussi accueillante, avec son épaisse couche de neige sur le toit, comme si on lui avait mis un bonnet. De la fumée sortait de la cheminée…Tout à coup Silver, le berger-allemand, sortit de la remise en aboyant, et, comme quelques mois auparavant, Marco entendit la grosse voix crier de l'intérieur:
– Silver, couché!
Il réalisa qu'il ne savait toujours pas comment expliquer son arrivée inattendue…

CHAPITRE XI

En attendant Noël

Typhaine se rattrapa de justesse au montant de la porte de sa chambre: elle voulait accrocher une guirlande tout en haut du mur, mais comme elle était trop petite, elle avait pris une chaise pour y parvenir et, hissée sur la pointe des pieds, elle avait perdu l'équilibre.

– Tu essayes de te rompre le cou?

Typhaine tourna la tête et fit un sourire qui ressemblait plutôt à une grimace.

– Ah, Théo, tu tombes bien; tu peux maintenir la chaise pendant que je descends?

Théo s'exécuta de bonne grâce.

– Tu te lances dans la décoration? demanda-t-il en voyant tout autour de la pièce plusieurs autres guirlandes de papiers multicolores...

– Oui, j'essaie. C'est le premier Noël que je passe ailleurs qu'au Canada, mon premier Noël sans neige...

Théo s'était assis au bord du lit, le visage sombre...

– Où avait-il passé son dernier Noël lui? Avec qui? Peut-être avec cet enfant aux yeux clairs et aux cheveux noirs et bouclés, dont il avait fugitivement vu surgir le visage de la nuit de sa mémoire, à une ou deux reprises... Y avait-il quelqu'un qui l'attendait quelque part? Par moment il avait l'impression de devenir fou à fouiller ainsi, en tentant sans succès de retrouver une trace de lui-même. Que signifiait cette angoisse soudaine qui l'avait saisi quelques jours auparavant, alors qu'il avait accompagné Typhaine en salle de réanimation? Un blessé était là, branché sur assistance respiratoire et sur un appareil de surveillance cardiaque. Soudain il avait été saisi d'un étrange sentiment de

crainte, de danger et d'anxiété; alors qu'il regardait sur l'écran s'afficher le tracé régulier du rythme cardiaque. Il s'était senti pâlir, son cœur battait à tout rompre...
Typhaine le regarda...
«Comme il a l'air triste, pensa-t-elle, si seulement sa mémoire pouvait revenir rapidement... Avant mon départ pour la Roumanie...»
Elle ne lui en avait pas encore parlé; il allait pourtant falloir qu'elle le fasse...
– Tu veux venir avec moi cet après-midi? demanda-t-elle, je dois aller à Riad .
– A Riad?
– Oui pour chercher divers matériaux qu' I.M.C. nous envoie pour la chirurgie... D'autre part, il faut que je passe à une agence de voyage aussi...
Elle savait que le choc serait brutal, mais elle n'avait jamais su prendre les gens «avec des pincettes».
– Une agence de voyage?...
– Oui... Ma mission ici se termine bientôt... ce n'est pas moi qui l'ai décidé, ce sont les autorités du pays qui ont imposé cette décision; ils trouvent qu'une femme médecin ce n'est pas bien dans ce pays...
– Mais, pourquoi?... tu fais très bien ton boulot il me semble...
– Ce n'est pas le problème, de toutes façons, je n'ai pas d'autre choix que de faire mes valises... on me confie une nouvelle mission, en Roumanie...
– Et tu pars quand?
– Dans huit jours...
Un silence s'installa. Pour le rompre Typhaine réitéra sa question:
– Alors, est-ce que tu viens avec moi?
– Désolé, je ne parle pas le Roumain... Théo avait un sourire triste.
– Je voulais dire, à Riad, cette après-midi!
– Pourquoi pas? Après tout je viens juste de toucher mon premier salaire... Ça me changera peut-être un peu les idées...
– Alors départ à 13 heures.
– O.K. Patron...

La vieille ville de Riad était tranquille sous le soleil hivernal. Après avoir pris livraison de leurs colis à l'aéroport militaire, Typhaine et Théo avaient décidé de musarder un peu, dans les rues de pierres blanches. Appareil photo au poing, Typhaine mitraillait tous azimuts. Au détour d'une place, ils arrivèrent sur un petit marché artisanal, sentant bon les épices et le cuir. Théo s'acheta un beau portefeuille travaillé. Quant à Typhaine, son choix se porta sur deux beaux foulards de soie, rehaussés de broderies d'or.
– Ce vert là pour moi, et celui-ci pour maman, dit elle en les tendant à Théo qui les marchanda en arabe avec le vendeur.
– Tiens, je t' ai fait baisser le prix du tiers, annonça-t-il fier de sa transaction. Et sur la lancée, sans s'en rendre compte il ajouta:
– Il faut toujours négocier; dans les souks, quand j'étais petit à Alger...
Typhaine s'arrêta net, interdite.
– Qu'est-ce que tu viens de dire?
Théo saisit, bégaya:
– Je... J'ai... quand... quand j'étais petit à Alger...
– Oui! Ça y est!!! J'en étais sûre! Ça revient, après, après?...
– Je... non... c'est tout...
– C'est déjà énorme! Tu as grandi à Alger, ce qui explique le fait que tu parles parfaitement l'arabe. Tu es un Français d'Algérie sûrement, comment les appelle-t-on en France?... Ah oui, les Pieds-Noirs! Pourquoi est-ce que je n'y ai pas pensé plus tôt; je savais que ton accent me rappelait quelqu'un! Durant mon dernier voyage en France, cet été, j'ai rencontré le père d'une collègue, qui, lui aussi, est Pied-Noir et par moment tu as ces mêmes intonations chantantes quand tu parles... tu vas voir, je suis sûre que d'ici mon départ, beaucoup d'autres choses te seront revenues...

Théo avait l'impression qu'un vent frais lui passait sur le visage. Il ne s'était pas senti aussi bien depuis des semaines; il était d'un coup beaucoup moins anxieux. Typhaine avait probablement raison. Son cerveau semblait enfin se décider à reprendre ses fonctions normalement...

– Oh, regarde, quelle jolie fontaine!
Au milieu d'une petite place entourée de colonnades, un fin jet d'eau bruissait doucement en retombant dans une vasque de faïence bleue.
– Mets-toi à côté, que je puisse te prendre en photo. L'instantané sortit dans un petit bruit discret. Théo le garda à la main le temps qu'il sèche.
– Il faut tourner à droite, non? Qu'est-ce qu'il t' avait dit ce vieux monsieur à qui tu as demandé la route?
– Oui, il faut tourner à droite deux fois, puis on devrait arriver sur la place où se trouve ton agence de voyage…
Les deux promeneurs reprirent leur route, sans s'apercevoir qu'ils étaient observés par un homme qui se mit à les suivre.
Les indications reçues étaient bonnes et ils arrivèrent rapidement en vue de l'agence de voyage.
– Je n'en ai pas pour très longtemps, dit Typhaine, tu m'attends là?
– Oui, oui…
Théo s'adossa au mur de l'agence, il tenait toujours à la main la photo de Typhaine prise à la fontaine et il faut bien dire qu'elle était plutôt réussie. S'assurant d'un bref coup d'œil par la porte vitrée qu'elle ne le regardait pas, il la glissa à l'intérieur de son portefeuille.

Juste à ce moment là, l'homme qui les avaient suivi depuis une dizaine de minutes l'aborda.
– Flavio? C'est bien toi dit? Quelle joie de te retrouver, C'est moi Adsour! Alors toi aussi tu as réussi à en sortir de ce trou?
Théo le regarda, troublé: cette voix, ce visage…
– Enfin tu ne m'as pas oublié quand même, pas après tout ce qu'on a passé ensemble. Je n'étais pas très sûr que ce soit toi. Depuis tout à l'heure je vous ai suivis. Qu'est-ce que je suis content de te revoir!
Typhaine sortit sur ces entrefaites et vit Théo très pâle, fixant sans mot dire son interlocuteur.
– Qui êtes-vous? demanda-t-elle d'un ton un peu sec.
– Il dit… qu'il me connaît, parvint à articuler Théo; je… il m'appelle Flavio!…

A son tour Adsour parut interdit. Et regardant Typhaine, il demanda:
– Mais enfin qu'est-ce qu'il a, qu'est-ce que tu as Flavio, tu es tombé sur la tête, tu ne me reconnais plus?
– Il a en effet reçu un gros choc sur la tête et il a momentanément perdu la mémoire, mais je pense que grâce à vous, il va la retrouver très vite...

❖

– Marco, tu veux encore un peu de potage? demanda Michèle Wieler.
– Non, Madame, merci beaucoup...
Marco soupira d'aise. Tout s'était passé mieux qu'il aurait jamais osé l'espérer. Le papi et la maman de Philippe l'avaient accueilli à bras ouverts. Quant à Philippe, il était plus qu'enchanté de sa visite: il s'était fracturé la jambe droite une semaine plus tôt et se morfondait depuis, passant de la chambre au salon, ou du salon à la cuisine. Autant dire que son moral n'était pas au beau fixe...
Ils avaient passé l'après-midi dans sa chambre, à installer et faire fonctionner une maquette de train électrique.
– Alors comme ça tu es revenu nous faire une petite visite, commenta Didier Wieler qui n' était rentré du travail que pour le repas. J'en connais un qui ne doit pas être fâché d'avoir de la compagnie, ajouta-t-il avec un clin d'œil à son fils. Tu es venu en stop à ce qu'on m'a dit?
Marco entreprit d'expliquer à Didier Wieler, comme il l'avait fait déjà à sa femme et à Philippe, les prétendues circonstances qui l'avaient amené à leur rendre visite:
– Je suis venu passer les vacances chez mon oncle à Besançon, mais au dernier moment, il a eu un empêchement, à son travail. Ses congés ont été annulés. Alors, plutôt que de m'ennuyer tout seul chez lui ou de rentrer à la maison, j'ai pensé faire un saut jusque chez vous...
– Et tu as eu raison! Tu t'es débrouillé comme un chef; mais pourquoi est-ce que tu n'as pas pris le bus de ce matin? Tu aurais eu moins froid que sur la route, à attendre que quelqu'un te charge.

– Non, je… j'ai raté la correspondance à Pontarlier, alors, je suis venu en stop…
– Tu es courageux, par ce froid. Alors ce soir tu restes dormir?
– Oui, votre femme m'a invité.
– Elle a bien fait. D'ailleurs, si tu veux, tu peux rester avec nous tant que ton oncle n'est pas disponible…
– Oh oui papa, ce serait super! approuva Philippe.
– Il faudrait que tu l'appelles je crois, intervint Michèle Wieler, sinon il va s'inquiéter de ne pas te trouver de retour ce soir…
– Qu'est-ce que c'est le travail de ton oncle? demanda Alicia, la petite sœur.
Marco fut pris de court; il bafouilla:
– Il… il est agriculteur. Enfin avant, parce que maintenant il n'a plus sa ferme… elle a brûlé, alors il va aider les autres agriculteurs…
– Il fait des remplacements?
– Oui… oui c'est cela des remplacements… quand il y a des malades.
Marco jeta un coup d'œil alentour. Tout le monde avait l'air de trouver ça normal.
– Bon, et bien je vais l'appeler?…
– Tu as le téléphone dans l'entrée, dit Michèle qui apportait le dessert.
Marco se leva de table et allant jusque là, prit le combiné et demanda:
– Quel numéro faut-il faire pour la France?
– Le 00 33, lança Didier, et puis ton numéro normal.
Marco composa l'international puis le numéro de l'horloge parlante.
– Au troisième top, il sera exactement…
– Allô? Tonton?
– Samedi 22 décembre…
– Oui, c'est moi; dis, je suis invité à rester pour la nuit ici en Suisse. Jusqu'à quand est-ce que tu vas travailler toi?…
– 19h35 m et 15 secondes…
– Ah bon, oui d'accord, et bien je vais voir… Oui, au revoir, à bientôt…
Marco raccrocha.
– Alors?

Philippe était impatient d'en savoir plus.
– Mon oncle m'a dit qu'il en avait pour plus de dix jours de travail…
– Super, tu vas pouvoir rester alors? D'accord p'pa?
– Oh! quant à moi il peut rester approuva Didier; qu'en dit ton oncle, Marco?
– Il m'a demandé ce que je voulais faire. J'ai dit que j'allais bien voir, je dois le rappeler quand je rentre chez lui.
– Bon et bien tout est simple alors, conclut Michèle; tu vas pouvoir passer Noël avec nous!
«Comme tout était simple», c'est bien ce que pensait Marco. Tout à coup tout semblait facile ici, l'ambiance chaleureuse, les gens accueillants, il se sentait bien, presque paisible.
On entendit un pas lourd dans l'escalier.
– Tiens voilà papi commenta Didier. Bon, ma chérie continua-t-il à l'adresse de sa femme, je dois ressortir. La neige commençait à tomber tout à l'heure et je n'ai pas envie d'être débordé; ne m'attends pas. Je ne sais pas à quelle heure je vais rentrer…
– Papa conduit le chasse-neige, expliqua Alicia avec fierté à Marco; il travaille jour et nuit.
Didier éclata de rire:
– Tu ne crois pas que tu exagères un peu? C'est vrai qu'il y a des jours ou on ne se repose pas trop; mais jamais au point de travailler 24 heures sur 24, quand même…
– Papi, papi, tu nous racontes une histoire, dis?
Julien, le plus petit, sautait tout autour de son grand-père.
– D'accord, d'accord, on y va…
– Super!
L'ovation était générale et tout le monde, à part Didier déjà reparti, se dirigea vers le salon pour écouter l'histoire, confortablement installés devant le feu de cheminée. Même Michèle les rejoignit bientôt avec le café.
Papi était un conteur hors-pair. Avec de simples mots, il semblait faire revivre les personnages et les situations; même Marco se laissa prendre au jeu de bonne grâce.

«L'histoire que je vais vous raconter, est une histoire vraie, mais qui s'est passée il y a très longtemps, très très longtemps.
En ce temps là, il y avait un jeune homme, presque encore un enfant, qui était le plus petit d'une famille de huit garçons.
Plusieurs de ses frères aînés étaient parti à la guerre, mais lui, son travail consistait à garder les troupeaux de moutons de son père et à les protéger contre les lions et les ours qui, parfois, venaient pour les dévorer. Ce jeune berger se nommait David...»
– Je le connais, je le connais, intervint Julien, même que c'est une histoire de la Bible!
Imperturbable, papi continua...
«Mais ce jour là, un des serviteurs de son père vint le chercher dans les champs, car il devait aller porter des provisions à ses frères, à la guerre.
Alors David s'en alla avec une mule, chargée de provisions, du pain, de la viande séchée, des dattes...
Mais en arrivant sur le champ de bataille, qu'elle ne fut pas sa surprise, quand il s'aperçut que personne ne se battait. Vous avez déjà vu une guerre sans bataille, vous?
Alors David se renseigne, et voilà ce qu'il apprend. Depuis de nombreux jours, matin et soir, un géant de l'armée ennemie sort de son camp à leur rencontre et provoque l'armée d'Israël; il leur dit:
– Vous qui êtes si forts, qui avez paraît-il le Dieu le plus grand, venez donc vous mesurer à moi; qu'un seul parmi vous vienne se battre: s'il gagne, vous avez gagné la guerre, s'il perd nous, Philistins, aurons gagné la guerre!
David fut vraiment indigné:
– Comment, dit-il, ce Philistin insulte notre Dieu et notre peuple et personne ne va le faire taire? Moi, j'irai!
Mais tout le monde se moque de lui. Il n'est qu'un jeune garçon, qui n'a jamais fait la guerre; on ne le prend pas au sérieux.
Sans se laisser impressionner par tout ce qu'on lui dit, il demande à voir le roi d'Israël et lui déclare qu'il a déjà tué des ours et des lions, et qu'il fera la même chose avec cet étranger qui insulte son Dieu...»

Marco se représentait la scène: cet adolescent, seul contre tous, qui voulait se battre contre un géant armé d'une cuirasse et qui devait faire deux fois sa taille… Papi l'avait décrit plutôt frêle, blond; en tous cas, il savait ce qu'il voulait… Sûr que ce David était courageux…
«Alors David descendit vers le petit torrent, prit cinq pierres, puis alla à la rencontre du géant qui s'était mis à l'insulter. Il en choisit une, la plaça dans sa fronde qu'il fit tournoyer très vite au dessus de sa tête. Il y eût un sifflement dans l'air, puis un bruit sourd quand la pierre, lancée à toute vitesse, atteignit le géant Goliath en plein front! Il s'écroula à terre. Dans le camp, tous les Philistins furent saisis de stupeur, alors que dans le camp de David ce furent des cris de joie!… David saisit l'immense épée du géant, et d'un seul coup, d'un seul… lui trancha la tête…»
– Bien fait, bien fait! exulta Julien. Il est mort, le méchant!
Michèle sourit devant l'exubérance de son petit dernier.
– Allez, il est temps d'aller dormir, vous ne croyez pas? Marco approuva. Si ce n'avait été les cris de Julien, il se serait probablement endormi là, devant le feu, bercé par le récit des exploits de David contre le géant.

❖

– Alicia! Fais moins de bruit, tu vas réveiller tout le monde…
Marco ouvrit un œil. Il lui fallut un peu de temps pour se souvenir de ce qu'il faisait dans cette chambre aux parois lambrissées de pin et aux rideaux bleus, ornés de voitures de course…
De l'autre côté de la paroi, Alicia continuait son babillage imperturbablement:
– Et Marco, est-ce qu'il va venir avec nous, dis maman? Tu lui as demandé?
– Non, ma chérie, mais je ne crois pas; il va sûrement rester avec Philippe…

– Et papa, est-ce qu'il vient lui?
– Non, il est rentré très tard cette nuit il se repose; allez, file à la cuisine.
Le silence se rétablit. Marco se pelotonna dans le lit douillet que lui avait installé Michèle, juste à côté de celui de Philippe. Il avait dormi comme un loir, mais maintenant il avait faim... Doucement, pour ne pas réveiller son ami, il se leva, passa un jogging et sortit dans le couloir. Une bonne odeur de café au lait flottait dans l'air.
– Tu vois bien qu'il ne dormait pas! s'exclama Alicia en le voyant entrer dans la cuisine.
– Je crois surtout que c'est toi qui l'a réveillé, oui! commenta Michèle.
Marco sourit:
– Je crois que c'est surtout parce que j'ai faim.
– Tant mieux, j'ai préparé de la brioche, je pars au culte avec les petits. Mon mari dort; si tu veux tu peux aller voir papi, il est en train de s'occuper du bétail. Je reviens vers midi. A tout à l'heure...
Marco se servit une bonne portion de brioche, un bol de lait et entreprit d'engloutir le tout.
Ensuite, il attrapa ses baskets, sa veste et se dirigea vers les écuries pour rejoindre papi d'une part, mais surtout pour voir Perle...
– Bonjour M'sieur...
– Salut bonhomme, alors tu as bien dormi?
– Oui, très bien.
Papi était en train de préparer la litière des vaches, une épaisse couche de paille fraîche qu'il répandait sous leurs pattes, pour qu'elles puissent se coucher en toute tranquillité, avec un maximum de confort.
– Vous l'avez toujours Galopin?
– Galopin? Ah, oui, c'est vrai que c'était vous qui aviez trouvé son nom cet été... Il est là bas, tiens, le plus grand du groupe.
Marco fut étonné de voir le petit veau devenu un taurillon râblé .
– Je ne l'aurais pas reconnu en tout cas, dit-il. Et Perle?
– Perle? Elle s'ennuie depuis huit jours, la pauvre, depuis l'accident de ski de Philippe. Didier n'a pas le temps de la sortir. Quant à moi, j'ai des rhumatismes, alors je ne vais pas aller faire de l'équitation en plus-

pour me casser les reins. Tiens tu ne sais pas? Tu vas aller te mettre les bottes de Philippe, puis je vais te donner la longe et tu vas la laisser se dégourdir les pattes par là; elle sera sûrement ravie!

Marco ne se le fit pas répéter deux fois. Deux minutes plus tard, il était dehors avec la jument.
Papi lui donna quelques conseils:
– D'abord, laisse-la un peu s'amuser, à tous les coups, elle va vouloir se rouler dans la neige. Tiens qu'est-ce que je te disais…
En effet, à peine la jument eut-elle les pattes dans la neige, qu'elle se coucha et se mit à s'y rouler sur le dos avec un plaisir évident.
– Bon, ensuite, tu peux l'accompagner un peu le long du chemin, jusqu'à la route, et même dans les champs si tu veux, mais tu seras fatigué avant elle je te préviens…
Durant de longues et merveilleuses minutes pour lui, Marco s'occupa ainsi de la jument, l'accompagnant dans ses allées et venues sur le chemin et le champ attenant. La jument était joueuse et ravie de s'ébattre un peu, après de longues journées d'immobilité.

Didier, qui s'était levé entre-temps, le regardait faire du seuil de la remise. Son père vint le rejoindre.
– En voilà une qui est contente, dit Didier en montrant la jument.
– Oui, c'est sûr . Et le petit aussi.
– Oui, je suis bien content pour Philippe. Il avait bien besoin de se changer les idées. Tu sais que c'est le vieil Henri qui l'a pris en stop? Je l'ai vu hier en fin de journée; c'est lui qui m'a parlé de Marco. Tout d'abord, je ne comprenais pas. Il est persuadé que Marco est notre cousin de Besançon; j'ai eu beau lui répéter que nous n'avons pas de famille en France, il reste persuadé du contraire… il est un peu sourd, il a sûrement compris de travers l'histoire de Marco.
– A moins que ce ne soit l'histoire de Marco qui soit de travers…
– Qu'est-ce que tu veux dire?
– Hier soir, il a téléphoné?
– Oui, à son oncle, pour le prévenir qu'il restait dormir.

– Son oncle… figures-toi que justement, j'avais un coup de fil à donner et j'ai décroché, en haut, dans ma chambre, pendant qu'il était en communication… avec l'horloge parlante!…
Didier regarda son père, interloqué.
– Non?…
– Comme je te le dis, d'abord je n'ai pas compris ce qui se passait, alors je n'ai rien dit, et j'ai entendu la fin de sa communication…
– Qu'est-ce que ça veut dire?
– Je ne sais pas, sûrement que ce gosse a des problèmes…
– Une fugue?
– Quoi d'autre? Je crois en tout cas qu'il faut le prendre en douceur, le démasquer brutalement n'aurait certainement pas de bons résultats.
– Tu as raison papa, n'en parlons pas pour le moment Ce qui m'ennuie un peu, c'est que si c'est cela, sa famille est peut-être en train de le chercher partout… je vais essayer de trouver son adresse dans les affaires de Philippe, si possible sans qu'il s'en aperçoive.
– Bon, je crois que pour ce matin, ils se sont assez défoulés dans la neige. Je vais lui dire de rentrer la jument…

En revenant à l'intérieur, Marco trouva Philippe levé et de très mauvaise humeur: non seulement son plâtre lui causait des démangeaisons très désagréables, mais en plus, il s'était renversé son bol de chocolat sur son pyjama.
– Tu peux appeler maman? qu'elle vienne m'aider! J'ai de la peine à me changer seul!…
– Ta mère n'est pas là, elle est partie à la messe.
Philippe fît une grimace contrariée. C'est vrai qu'on était dimanche, il l'avait oublié… mais à l'adresse de Marco il rectifia:
– Pas à la messe, au culte!…
– Oui, c'est ce que je voulais dire…
– C'est pas la même chose!
Visiblement, ce n'était pas le jour de contrarier Philippe; pour détendre l'atmosphère, Marco changea de sujet et lui raconta son moment de détente avec Perle.

– C'est vrai qu'elle doit en avoir marre elle aussi de ne pas pouvoir bouger... D'habitude, je la sors tous les jours et...
Tout à coup Philippe s'interrompit en voyant le visage de Marco pâlir. Il fixait intensément l'écran de la télévision que Didier avait allumé pendant leur conversation. Philippe se retourna pour voir ce qui motivait tant d'émotion chez son camarade.
Le reportage diffusé traitait des problèmes du Golfe, de l'affaire du Koweit envahi par l'Irak; étonné, Philippe regarda à nouveau en direction de Marco, mais la chaise était vide...

Papi vit Marco passer en trombe dans le couloir et le suivit instinctivement. Il le retrouva dehors, assis sur le banc.
– Alors? Tu avais envie de prendre l'air? Moi aussi dit-il d'un ton anodin, tout en remarquant la larme qui roulait sur la joue de l'adolescent.
Marco ne répondit rien, les coudes sur les genoux, la tête baissée, il remuait un peu de neige du bout du pied.
Papi reprit:
– Tu te souviens, l'histoire que j'ai racontée hier soir? Et bien dans la vie aussi parfois on a l'impression, d'avoir des «Goliath» en face. Mais il peut suffire d'un caillou bien lancé et crac, le géant est à terre.
Marco restait silencieux.
– Tu sais, parfois de parler, cela aide, et ton Goliath il n'est peut-être pas si fort, après tout... Tu ne veux pas me la raconter ton histoire?
Marco se leva, toujours silencieux; un moment il regarda le paysage devant lui... puis, se tournant vers papi il lui dit, résigné:
– Vous savez ce n'est plus la peine d'en parler. Dans mon histoire, c'est Goliath qui a gagné... et c'est David, qui est mort...

Chapitre XII

Une veillée mouvementée

Tina pressa le pas, l'air froid lui griffait le visage. Elle cheminait, tête baissée, pressée de retrouver la chaleur de l'appartement. Plus que jamais, elle se sentait seule en cette veille de Noël.

Marco parti en congé… Certes, c'était plutôt un soulagement de le savoir parti à la montagne, mais quand il n'était pas là… Robert, lui, ne quittait son bar que pour cuver sa bière…

Perdue dans ses pensées, Tina, sans le vouloir, bouscula une personne qui marchait en sens inverse sur le trottoir.

– Oh, pardon, excusez-moi! dit-elle désolée, puis reconnaissant la personne, elle ajouta:

– Mme Santonny? Vous êtes revenus? Pas de problèmes, j'espère?

– Oh, rien de grave, enfin c'est ennuyeux surtout, en plein trajet, nous avons eu une panne, le carburateur. Alors il a fallu rentrer; tant pis, les vacances ce sera pour une autre fois. Le temps de réparer, et Nouvel An sera là…

– Marco n'est pas venu m'avertir…

– Marco? Non, cela fait un certain temps que je ne l'ai pas vu moi non plus…

– Comment? Mais… il est bien parti pour la montagne avec vous?…

Tina se sentit pâlir…

– Parti à la montagne avec nous? Non, pas du tout, Damien est rentré très tourmenté le dernier jour de classe; il m'a même laissé entendre qu'il y avait entre eux une brouille importante, il ne m'a pas dit de quoi il s'agissait, mais cela a l'air sérieux…

– C'est impossible, c'est impossible! Marco m'a laissé un mot disant qu'il partait avec vous; il y a deux jours de cela, et je ne l'ai pas revu. Il a pris ses affaires…

Cette fois Tina était réellement inquiète, Jeanne Santonny s'en aperçut.
– Venez, ne restons pas là dans ce froid…
– Où est-il allé? Pourquoi m'a-t-il menti?
Soudain Tina eut un éclair: «Il a dû trouver les affaires, les affaires de Flavio!» Jeanne lui mit le bras autour des épaules:
– Allons, venez, je vais vous accompagner chez vous. Il n'est sûrement pas allé bien loin, probablement qu'il est encore avec cette équipe de copains. Damien m'a dit qu'il fréquentait beaucoup un certain Seb. Il est peut-être parti avec lui…

Assise sur son lit, Tina ne pouvait contenir ses larmes.
– La bague n'est plus là, il a dû la prendre, je suis sûre que c'est lui qui l'a prise… Comment a-t-il su?
– Su quoi, Mme Gantien? Jeanne n'y comprenait rien; à peine arrivée à son appartement, Tina s'était précipitée dans sa chambre, et avait sorti de sa table de nuit un vieil album de photos, et une enveloppe en papier kraft.
Tina, entre deux sanglots entreprit de mettre Jeanne au courant de sa visite à la Préfecture.
– Je n'ai pas eu le courage de lui en parler, ajouta-t-elle. C'était trop dur, pas le courage de tuer son espoir! Mais la bague n'est plus là!…
Jeanne Santonny accusa le coup: Flavio décédé… jamais elle n'avait songé un instant qu'une chose pareille pouvait s'être produite! La vie s'acharnait sur Marco. Quel choc cela avait dû être pour lui d'apprendre cette nouvelle…
Tina fouilla encore une fois le tiroir, en vain.
– Non, la bague n'y est pas… J'aurais dû le lui dire, c'est ma faute. Si je lui avais parlé, j'aurais pu le soutenir, le consoler. Je n'aurais jamais dû lui cacher ce que j'avais appris… C'est sûrement pour ça qu'il est parti, il n'a pas supporté…!
– Mme Gantien, il y a des nouvelles qu'on ne peut accepter facilement, de quelque manière qu'on vous les annonce… écoutez, si vous voulez, on va aller chez moi, pour demander à Damien s'il sait où habite Seb.

Nous allons mettre mon mari au courant. A mon avis, il ne doit pas être parti bien loin, on va le retrouver, vous verrez...
Tina, se laissa emmener sans protester. Cette veillée de Noël s'annonçait bien sombre...

En arrivant à l'appartement des Santonny, elles trouvèrent Damien devant la télé, un bol de chips à portée de main.
Dès qu'il aperçut le visage de Tina, il comprit que quelque chose était arrivé.
Entendant la porte d'entrée se fermer, Patrick Santonny sortit de la cuisine, tablier autour de la taille et un torchon à la main. Il devait manifestement donner la dernière main au repas du réveillon:
– Chérie, est-ce que tu as pu arriver avant la... lui aussi s'interrompit en voyant Tina bouleversée.
– Que se passe-t-il Mme Gantien? Un problème? C'est Marco?
Tina ne put que hocher la tête. Ce fut Jeanne, qui, à son tour, leur fit le récit des différentes nouvelles.
Un long silence suivit. Tous deux était saisis de stupeur. Finalement Tina demanda:
– Damien est-ce que tu as une idée de l'endroit où habite le garçon qu'il fréquentait beaucoup, Seb?
– Je crois que je sais où c'est, oui...
Patrick Santonny secoua la tête; la nouvelle de la mort de son ami l'ébranlait lui-même; alors pour Marco, ce devait être bien pire. Il se leva, enleva son tablier et dit:
– Bon, Damien, tu vas venir avec moi.On fera toute la ville s'il le faut, mais on va vous le retrouver, Mme Gantien.
Père et fils enfilèrent rapidement un manteau, et sortirent dans le vent glacé. Les cloches de l'église voisine sonnaient 20 heures.

Didier Wieler raccrocha le téléphone. Cela faisait trois fois qu'il tentait de joindre le domicile de Marco dont il avait réussi à se procurer l'adresse dans le petit carnet de son fils, à son insu.
– Toujours rien? demanda papi.
Dans la matinée, Didier avait mis sa femme au courant de ce que son père lui avait appris au sujet de la communication téléphonique de Marco. Mais d'un commun accord, ils avaient décidé de tenir Philippe en dehors de ça.
– Non, il n'y a personne, tant pis.
Et se dirigeant vers la cuisine, il ajouta:
– Bon, on y va?
Tous, en habits de fête, attendaient de partir à la célébration qui avait lieu chaque année la veille de Noël, dans la petite église évangélique à 15 kilomètres de là.
Marco lui aussi s'était préparé. Peu lui importait où on allait; il se sentait à l'aise avec les Wieler et il suivait tout simplement le mouvement…
Après une dizaine de minutes de route, la voiture s'arrêta devant un bâtiment anodin, qui ressemblait plus à une usine qu'à une église, c'est du moins ce que pensa Marco.
– C'est ça votre église? demanda-t-il à Didier Wieler, l'air surpris.
– Oui, c'est là que nous nous sommes installés. Tu sais, peu importe le bâtiment, ce qui compte, c'est de s'y retrouver entre personnes qui partagent les mêmes buts, la même foi!
Marco ne répondit rien, mais c'est avec davantage de curiosité qu'il observa le lieu et les gens.

Ce qui le frappa tout d'abord ce fut la décontraction, et l'effervescence qui régnaient dans la petite salle où ils étaient entrés. Il y avait là une cinquantaine d'adultes, et beaucoup d'enfants aussi, qui se saluaient, s'embrassaient, plaisantaient. Au fond de la pièce, une petite estrade, avec dessus des instruments de musique et des micros.
Tout cela n'avait rien à voir avec ce que le mot «église» évoquait pour lui: un lieu sombre et froid, fait de grandes pierres. Avec de loin en loin

les petits faisceaux de lumières des cierges allumés devant une statue… Ici, ni statue ni cierges. Les murs étaient faits en lambris de pin, décorés en plusieurs endroits par des posters de paysages ou d'enfants, avec de petites phrases imprimées dessus. L'un disait: «Jésus a dit: je suis le chemin, la vérité et la vie».
L'image représentait un chemin bordé de grands arbres et baigné de lumière. Un autre le frappa encore plus: c'était un petit faon qui avait un pansement à une patte et qui était porté par un homme et la phrase disait: «Je ne t'abandonnerai pas, je ne te délaisserai pas». Sans comprendre pourquoi, Marco se sentit pris d'une étrange émotion comme une chaleur qui, soudain, venait inonder son cœur un instant. Il se sentit bien, comme soulagé par cette phrase… Par la force qui s'en dégageait…
– Marco! Marco, viens t'asseoir à côté de nous, ça va commencer!
Marco tourna la tête, Philippe, confortablement installé sur une chaise, sa jambe plâtrée surélevée, l'appelait. Marco prit place juste à côté de lui.
La célébration commença par des chants joyeux et rythmés. Tout le monde tapait des mains, chantait…
Marco, lui, resta assis, par solidarité avec Philippe d'une part, mais surtout parce qu'il ne se sentait pas très à l'aise et ne connaissait pas du tout ces chants.
Puis un des chanteurs-musiciens annonça que les enfants avaient préparé un spectacle.
– Si je ne m'étais pas cassé la jambe, j'aurais joué moi aussi. C'est Thibault qui me remplace, ajouta-t-il en montrant à Marco un garçon blond qui était costumé en berger de l'ancien temps.
La petite pièce de théâtre commença. C'était l'histoire de la naissance de Jésus, mais en plus, dans cette pièce là, il y avait l'un des berger qui ne voulait pas croire que le bébé dans la crèche était le fils de Dieu, venu pour sauver le monde, comme l'annonçaient les anges. Et il ne voulait pas non plus aller le voir:
«Je ne crois pas à tout cela, disait-il, moi je ne l'ai pas vu cet ange, j'étais parti chercher un de mes agneaux, qui s'était perdu… Je crois moi que

Dieu a bien autre chose à faire que de s'occuper de nous, ou alors il nous a oublié…
– Mais je t'assure que c'est la vérité, j'ai vu l'ange, il nous a dit que le bébé qui est né est le fils de Dieu, il va nous sauver… Dis-moi, toi, quand un de tes agneaux se perd ou bêle parce qu'il est coincé dans les rochers, est-ce que tu le laisses se débrouiller, au risque qu'il se blesse ou qu'il se perde, ou bien est-ce que tu vas le chercher?
– Je vais le chercher.
– Alors pourquoi ne crois-tu pas que Dieu aussi entend ton cri quand tu l'appelle à l'aide?»
Finalement la pièce s'acheva, sur la scène de la crèche vivante, Alicia jouait le rôle de Marie; quant à Julien le petit frère de Philippe, il était lui aussi un petit berger.
Ensuite un homme habillé sans vêtement de circonstance parla de l'amour de Dieu, de Jésus qui n'était pas resté un bébé, mais qui avait grandi pour devenir un homme et des nombreux miracles qu'il avait accomplis… l'homme affirma même que Dieu faisait encore des miracles aujourd'hui. Il ajouta aussi que Jésus avait choisi de mourir sur la croix, qu'il l'avait fait par amour pour tous les hommes…
Marco écoutait d'une oreille distraite; il lui tardait que cela se termine. Il y eut un autre chant, puis plusieurs personnes se mirent à prier. Pas comme tati Tina lorsqu'elle récitait son chapelet devant la statue de la Vierge; non, on aurait dit que ces personnes parlaient à un ami, à quelqu'un qu'elles connaissaient bien.
Ensuite, après un dernier chant, la célébration s'acheva par un appel pour ceux qui étaient malades. Marco vit Philippe se lever, et avec ses béquilles, se placer dans la file afin qu'on prie pour lui.
Quand ce fut son tour, Marco vit la personne qui avait parlé auparavant poser sa main sur la tête de Philippe et lui dire quelque chose que Marco n'entendit pas. Cela dura à peine une minute, puis Philippe revint s'asseoir, à sa place.
– Qu'est-ce qu'il t'a fait?
– Rien, j'ai juste demandé au pasteur de prier pour ma jambe.
– Et alors?

– Mardi, je vais voir le médecin pour contrôler l'évolution de la fracture, voir si tout va bien. J'ai demandé au pasteur de prier pour que je guérisse vite et qu'on puisse m'enlever le plâtre.
– Mais tu m'as dit que tu devais le garder encore deux ou trois semaines!
– Oui, c'est ce que le docteur m'a dit, mais moi je suis sûr que je n' en n'aurai pas besoin et que d'ici mardi ma jambe sera guérie.
Marco regarda Philippe, un peu interloqué.
– Tu crois vraiment que la prière de ton pasteur va marcher?
– Oui, enfin, ce n'est pas le pasteur qui fait quelque chose, c'est l'Esprit de Dieu, le Saint-Esprit. D'ailleurs, depuis qu'il a prié, et bien ma jambe ne me démange plus.

En cette matinée de Noël, le ciel était radieux sur la campagne suisse. Depuis plus d'une heure, Marco avait aidé Alicia à construire un énorme bonhomme de neige. Maintenant, assis sur le banc, il les regardait, elle et Julien en train de le costumer avec une carotte en guise de nez, une écharpe de laine rouge, et des cailloux pour les yeux.
– Regarde comme il est beau! s'exclama la fillette, très fière de leur œuvre.
– Papa, papa, viens voir notre bonhomme de neige, ajouta Julien.
– Il est très réussi mon chéri. Dis-moi Marco, est-ce que cela te plairait de donner un peu d'exercice à Perle? Je crois que tu sais monter un peu?
Marco n'en croyait pas ses oreilles, il en rougit d'émotion.
– Vous voulez dire avec la selle, aller faire une ballade?
– Oui, voilà plus de dix jours, qu'elle n'a pas réellement fait d'exercice, et tu sais ce n'est pas bon pour un cheval. Alors si tu veux, on va la seller ensemble, et puis tu pourras aller te promener sur le chemin du lac, il est déblayé.

Seulement, il ne faudra pas trop la pousser au départ. D'abord tu feras du pas, un peu de trot à la rigueur, mais pour une prise en main, il vaut mieux y aller doucement.
Tous deux se dirigèrent vers la stalle de Perle, qui les accueillit par de petits hennissements joyeux.
– Salut la belle, dit Didier, regarde qui je t'amène, un cavalier de remplacement… Il va falloir que tu sois gentille avec lui hein?
Il lui tapota l'encolure affectueusement.
Marco s'approcha et lui caressa les nasaux, si doux…
– Bon, Marco, commence à la brosser, de la tête à la queue… moi je vais te chercher la selle et la bride.
Marco s'exécuta de bon cœur, tandis que Perle, qui semblait avoir compris ce qui allait se passer, piaffait d'impatience.
Un quart d'heure plus tard, Marco, tenant Perle par la bride, sortit de l'écurie. Son cœur battait fort. Pour la première fois, il allait partir seul en balade avec elle.
Didier vérifia la hauteur des étriers, resserra la sous-ventrière… Et Marco, sans trop de peine, se hissa sur le dos de la jument.
– Vas-y doucement Marco, promis?
Marco hocha la tête, il était prêt à promettre tout ce qu'on voulait… Pour la première fois depuis longtemps, son visage était éclairé par un grand sourire…
Didier le regarda s'éloigner, au pas tranquille de Perle. Michèle sortit juste à ce moment là.
– Tu lui fais monter Perle?
– Oui, la pauvre s'ennuie toute seule dans son écurie… Et moi je n'ai pas le temps. Est-ce que tu as essayé d'appeler chez lui?
– Oui, tout à l'heure, mais cela ne répondait pas.
– Je ne sais pas quel est le secret qui pèse sur ses épaules, mais ce garçon me fait de la peine, il y a tellement de détresse dans ses yeux et de la révolte aussi.
– Tu n'as pas peur de le laisser aller avec Perle? Est-ce qu'il sait bien monter?
– Je lui ai dit d'y aller doucement; tu sais j'ai souvent remarqué que les

enfants et les animaux se comprennent, et si tu avais vu son sourire tout à l'heure, c'est la première fois qu'il avait l'air heureux...
– Tu as sûrement raison...
– Regarde, il a pris le chemin du lac au trot, il se débrouille bien...
L'air froid amenait jusqu'à eux le bruit régulier des sabots heurtant la neige tassée qui recouvrait la route, avec un petit bruit sourd.
– Je souhaite que les jours qui viennent soient pour lui à l'image de cette matinée, reprit Didier: avec beaucoup de soleil, de joie et de paix...

Patrick Santonny ouvrit devant Tina la porte du commissariat. Elle était venue signaler la disparition de Marco. En ce jour de fête, le policier de garde était seul et plutôt débordé; il leur fallut attendre plus d'une heure avant qu'on ne s'occupe de leur cas. Ce n'était pas vraiment un emploi du temps rêvé pour un matin de Noël... Damien les attendait à la voiture.
La veille au soir, lui et son père avaient «ratissé» tous les endroits connus dans lesquels Marco avait une chance de se trouver. Mais sans succès, ils avaient trouvé Seb qui les avaient copieusement insultés, ainsi que Marco, à qui il reprochait de n'être pas venu la veille à une petite fête qu'il avait organisée. Il n'avait pas vu Marco depuis le soir de la sortie des classes.
C'est pourquoi, ce matin, Tina avait décidé de signaler la fugue à la police. Inutile de dire que le réveillon de Noël avait été plutôt morose chez les Santonny. Tina avait accepté de rester là, se retrouver toute seule chez elle, n'avait rien d'attrayant... Quant à Robert, il ne s'apercevrait peut-être même pas de son absence.
Le policier enregistra l'avis de recherche, sans faire de commentaire. Il lui précisa juste que les recherches seraient peut-être longues mais qu'elle serait tenue informée.

– Mme Gantien, vous venez partager le repas avec nous? demanda Patrick Santonny en reprenant place au volant de sa voiture.
– Non, merci, je crois que je vais rentrer, Robert doit être là...
– Bon, comme vous voudrez.
Il n'y avait pas grand monde en ville; en dix minutes Tina était devant sa porte.
– Je vous accompagne! dit Damien.
Patrick approuva:
– O.K. fiston, à tout à l'heure.
Tina et Damien montèrent lentement les deux étages. En effet, Robert était là... manteau, chaussures tout traînait pêle-mêle de la porte d'entrée jusqu'à celle de la chambre, d'où parvenait un ronflement sonore.
Tina commença par se faire un bon café.
– Tu en veux un Damien?
– Non, merci... est-ce que je peux aller voir sa chambre?
Tina approuva de la tête:
– Oui, oui, bien entendu dit-elle d'un ton las.
Damien pénétra dans la chambre de Marco qu'il connaissait bien. Elle était rangée, le lit fait...
– C'est vous Tina qui avez fait le ménage? cria-t-il par la porte ouverte.
– Non, il a tout laissé comme ça... et il m'avait mis ce mot sur le frigo, tiens regarde...
Damien lut le mot, regarda la chambre, alla vérifier dans le placard: le sac de sport de Marco n'y était pas. Damien réfléchissait à toute vitesse.
Une chose était sûre, Marco n'avait jamais eut l'intention de partir à la montagne avec lui, surtout après ce qui c'était passé à la sortie du collège. Donc s'il avait écrit cela, c'était pour brouiller les pistes, parce qu'il avait décidé de partir. S'il n'y avait pas eu la panne de voiture, et la rencontre de sa mère et de Tina, personne ne se serait aperçu de la fugue de Marco avant dix jours!... Et c'est sûrement là-dessus qu'il comptait...

Cela rappela à Damien les fois où lui et Marco jouaient aux détectives... Il fallait qu'il trouve un indice... Tout à coup, des éclats de voix venant de la cuisine tirèrent Damien de ses pensées, manifestement Robert s'était réveillé...

– Ne me dis pas que tu lui as montré cette lettre! disait Tina d'une voix étranglée...
– Et alors, il fallait bien qu'il l'apprenne un jour non, que son père s'était fait descendre; il ne voulait pas me croire, alors je lui ai montré la lettre...
– Mais tu n'es pas seulement un idiot, en plus tu es irresponsable, tu ne te rends pas compte des conséquences de ce que tu as fait? Il est parti, il s'est enfui, il peut être n'importe où maintenant, et si jamais il lui arrive quelque chose? Je ne te le pardonnerai jamais, tu entends?
– Bon, bon excuse-moi; c'est vrai que je ne pensais pas qu'il réagisse comme ça, mais j'en avais marre de te voir pleurer à cause de lui toutes les nuits, alors je me suis dit, Robert, toi tu vas le lui dire, ça sera fini, et on n'en parlera plus...
– Qu'est-ce qui sera fini, hein? Mais rien ne sera jamais fini, rien! Parce que mon Flavio, on ne me le rendra pas tu comprends? Et Marco, lui je ne veux pas le perdre, c'est tout ce qu'il me reste!
– Ecoute, il est mort, d'accord, c'était ton frère, je comprends que tu sois triste, mais vois la chose de l'autre côté. Dans ce malheur, la chance qu'on a, c'est qu'il était bien assuré et que maintenant qu'il est mort, on pourra être dédommagés...
– Qu'est-ce que tu oses dire? Dédommagés? Mais tu es... il n'y a pas de mots pour dire ce que tu es... Un monstre, voilà ce que tu es! Je n'en veux pas de leur argent, tu comprends? Il pue la mort! Je n'en prendrai pas un centime! cria Tina presque hystérique.

Damien ferma doucement la porte pour ne pas en entendre davantage... Déprimé, il s'assit sur le lit de Marco... Cette chambre lui rappelait tant de bons moments, d'amitié, de rires, de complicité... non tout cela ne pouvait pas se terminer... pas de cette manière! Evidemment, l'attitude de Marco lui avait fait très mal, mais il avait des excuses; qui sait comment lui, Damien aurait réagi dans de pareilles circonstances?…

Honnêtement, il n'était pas du tout sûr de la réponse…

– Mais où a-t-il bien pu aller? se demanda-t-il pour la deux cent cinquantième fois depuis la veille… Il a laissé tomber Seb, tant mieux. Mais alors où? A cette saison, il ne fait pas du camping… Une nouvelle fois Damien vérifia dans le placard.. non, sa tente est là… Chez Alain? Oui, peut-être. Damien sortit de la chambre; un calme relatif s'était rétabli, un bruit d'eau venait de la salle de bains. Robert s'était réfugié sous la douche.

– Tina? Est-ce que je peux téléphoner? J'ai une idée…

– Oui, vas-y, bien entendu!

Rapidement Damien composa le numéro d'Alain, l'ex mono de l'été. La sonnerie retentit plusieurs fois. Finalement, au moment où Damien allait abandonner, on décrocha; une voix mal assurée lança:

– Allô?

– Alain? Salut, c'est Damien.

– Damien? Ah salut, et joyeux Noël…

– Je te réveille? Excuse-moi, je cherche Marco, tu ne l'a pas vu?

– Marco? Non, ça fait des semaines que je ne l'ai pas vu… Pourquoi? Ca ne va pas?

– Non, il a fait une fugue… c'est son père… il est mort.

– Ça va pas? Lâcha Alain sous le coup de la surprise. Qu'est-ce qui s'est passé?

– On ne le sait pas… J'avais pensé qu'il était peut-être venu chez toi..

– Non, désolé…

– Tant pis, au revoir..

– Tiens moi au courant, d'accord?

– Oui, promis.

Damien raccrocha, déçu. Il n'y était pas… Tina était en train de chercher quelque chose parmi les draps dans l'armoire de l'entrée. Elle s'approcha de Damien, une liasse de billets à la main.

– Il m'a pris de l'argent, il m'a pris six cents francs… Jamais il ne

m'avait pris quoi que ce soit... Tina était stupéfaite. Elle avait l'impression que Marco, son Marco, avait disparu, et qu'on le lui avait remplacé par un autre, qui lui mentait, prenait son argent...
Damien pensif, retourna dans la chambre. Il avait pris de l'argent, six cents francs... ce n'était pas une grosse somme, quand on veut partir, pourquoi n'avait-il pas pris toute la liasse? Certainement cela voulait dire qu'il savait à peu près de combien il allait avoir besoin. Il savait qu'il aurait des frais... Une fois encore, Damien fouilla du regard la pièce bien ordonnée du regard... Il devait y avoir un indice quelque part, il devait pouvoir deviner ce à quoi avait pensé son ami... Soudain, il vit! Sur le mur, au dessus du lit, au milieu des autres photos et cartes postales, un trou, une place vide...!
Il tira le lit, pour voir si la photo n'était pas tombée derrière. Mais non, il n'y avait rien...
Pourquoi est-ce que Marco avait enlevé cette photo? Est-ce qu'il l'avait emportée avec lui? Que représentait-elle?
La photo de son père... elle y était, celle où ils étaient tous les deux aussi... Voyons il y avait celle des copains de la colo, et d'Alain... Mais oui! Il manquait celle où Marco montait Perle! Pourquoi n'y avait-il pas pensé plus tôt!...

Chapitre XIII

Quand tout s'en mêle…

– A table! Appela Michèle Wieler.
– Chouette! s'écria Alicia, j'ai une faim de loup! Marco tu viens? et joignant le geste à la parole elle saisit son nouvel ami par la main.
Tout le monde prit place autour de la grande table ovale, décorée de couronnes de sapins, de bougies et de santons. Au milieu de la table trônait un petit réchaud allumé, sur lequel était installé une casserole en terre cuite. Il s'en dégageait une forte mais odorante odeur de fromage.
– C'est de la fondue, chuchota Alicia dans l'oreille de Marco, c'est bon tu verras!
Papi mit dans l'assiette de chacun une généreuse portion de petits morceaux de pain; et chacun, se mit à faire tourner son morceau dans la casserole après l'avoir piqué au bout d'une longue fourchette.
C'est à ce moment là que le téléphone sonna. Didier se leva.
– Continuez, je m'en occupe.
Passant dans le couloir, il alla répondre. Plusieurs minutes s'écoulèrent… Ne le voyant pas revenir, Michèle alla aux nouvelles, mais son mari lui fit signe de refermer la porte derrière elle. Il avait l'air grave.
– Chérie, continuez sans moi, c'est important, je te raconterai…

Tout le monde en était au dessert quand finalement Didier reparut.
– Rien de grave? demanda papi.
– Grave je ne sais pas, mais une affaire dont il faudra s'occuper, assurément…
– Papa, est-ce qu'on peut sortir de table, Marco et moi, demanda Philippe; on voudrait essayer la nouvelle locomotive que j'ai reçue en ca-

deau. J'ai essayé ce matin, mais c'est difficile de tout régler avec ma jambe que je ne peux pas plier…
– D'accord, allez-y.
– Alicia, Julien, vous vous êtes couchés tard hier, alors je voudrais que vous alliez faire une petite sieste…
– Oh non!
– Alors je prends ma nouvelle poupée!
Bon gré mal gré les deux petits acceptèrent de se coucher et les parents de Philippe ainsi que papi se retrouvèrent au salon, à boire le café.
– Vous vous souvenez du petit Damien? Le copain de Marco qui était avec lui cet été? Et bien c'est lui qui a appelé tout à l'heure… Didier entreprit de raconter à son père et à sa femme, les circonstances tragiques qui avaient amené Marco à fuguer.
– J'ai aussi eu la tante de Marco au téléphone, elle pleurait de joie, de savoir qu'il était ici, en bonne santé…
– Comment va-t-on faire? demanda Michèle.
– Je ne sais pas, reprit Didier. Dans l'immédiat, passer quelques jours ici avec Philippe ne peut que lui faire du bien, mais il est évident qu'à un moment ou à un autre, il faudra lui parler, lui dire qu'on est au courant de son histoire…
– Alors il faudra choisir le bon moment, parce que si on le prend mal, dit papi, il risque de s'enfuir plus loin!…»

❖

Typhaine entra en trombe dans la chambre de Flavio.
– Théo!… Je veux dire, Flavio! J'ai réussi à t'obtenir une place sur un vol sanitaire, pour après-demain, le 27, au départ de Riad et qui te déposera à Marseille. De là tu auras une correspondance sur Lyon. Surtout il faudra que tu n'oublies pas de passer à l'Ambassade de France

à Riad, avant de partir, pour te faire remettre tes papiers provisoires… Sinon, tu auras des problèmes avec les services douaniers, arrivé en France…
Flavio la regarda et secoua la tête. Depuis qu'il était redevenu «lui-même» elle s'était démenée dans tous les sens pour résoudre les problèmes qui se posaient pour son rapatriement.
Quant à lui, il n'était pas encore remis de tout ce chamboulement.

Après qu'Adsour l'ait reconnu, dans les rues de Riad, ils avaient passé plusieurs heures ensemble à parler.
– On se connaissait bien alors?
– Si on se connaissait bien? Adsour riait. Il me demande si on se connaissait bien, mais c'est à cause de moi que tu as «perdu la boule»! Tu as voulu venir à mon secours alors que je donnais une raclée à une grande brute d'Egyptien, sur le camp, et puis ça a mal tourné, je me suis pris un coup de couteau dans le côté… là… ajouta-t-il en montrant une fine cicatrice sous sa chemise; alors tu as voulu voler à mon secours, je t'ai entendu crier mon nom… et une autre de ces brutes a dû te taper sur la tête, c'est la dernière image dont je me souviens, tu étais par terre… Puis je me suis réveillé à l'hôpital militaire de Riad, grâce au gars que je connaissais, le soldat. C'est lui qui m'a ramassé et il a tout fait pour que je puisse partir avec un autre Saoudien qui s'était blessé avec son propre fusil. Alors voilà… je m'en suis bien sorti… Par la suite, j'ai essayé de faire quelque chose pour toi, j'ai voulu aller à ton ambassade, mais ils n'ont pas voulu bouger… Les camps c'est un sujet qu'il ne faut pas trop toucher…
Flavio l'avait interrompu:
– Est-ce que je t'ai dit si j'ai une femme? Des enfants?
– Tu as un fils de treize ans, Marco…
– Il a les yeux verts? les cheveux bouclés, noir?
– D'après la photo que tu m'a montrée, oui…
– C'est lui que je voyais, jubilait Flavio. Typhaine, c'est mon fils! Et ma femme?
– Ta femme est morte… Dans un accident de la circulation…

Flavio avait soudain compris la cause de son angoisse inexplicable alors qu'il entrait avec Typhaine en salle de réanimation...
Depuis, de nuit comme de jour, des flots d'images lui étaient revenus; peu à peu, il était en train de se retrouver...
– Flavio?
Typhaine le tira de ses pensées...
– Oui?
– Je voulais te dire, je suis tellement heureuse que ce soit toi qui parte le premier... J'avais le cœur lourd de te laisser ici, sans savoir ce que tu allais devenir...
– Voilà un bel exemple de conscience professionnelle...
– Oui, si on veut, je dirais plutôt... d'amitié?
Typhaine se sentit rougir légèrement... Flavio s'en aperçut.
– Merci, moi aussi je suis soulagé... ces dernières semaines ont sûrement été les pires de toute ma vie... Et je ne crois pas que je m'en serais sorti, sans ton aide et ton soutien!
Typhaine se ressaisit un peu.
«Tu es trop sentimentale, lui disait toujours Salvatore, cela te jouera des tours...». Il avait sûrement raison...
– Bon, dit-elle d'un ton enjoué, il ne faudrait pas oublier nos patients tout de même? Allez, c'est l'heure de la tournée!

❖

Tina avait passé toute sa matinée à faire un grand ménage: les sols, les vitres, une grande lessive; elle s'agitait dans tous les sens. Marco était retrouvé! Il était en bonne santé et c'est tout ce qui comptait!
La porte d'entrée s'ouvrit et Robert entra. Il était sorti de bonne heure ce matin-là.
– Je viens de faire la moitié de la ville pour répondre à des offres d'emploi! Et rien, rien du tout, il y a toujours quelque chose qui ne leur

convient pas… Je suis trop vieux, je n'ai pas le profil, ou je ne sais pas quoi encore!
Tina le regarda. Pour une fois, il avait l'air sobre; c'était plutôt rare et il avait cherché du travail! Voilà des semaines qu'il n'avait pas fait pareil effort… N'y tenant plus, elle lui annonça:
– On a retrouvé Marco!
– Ah? Et où est-il?
– Chez des amis à lui, qu'il avait rencontrés l'été passé, en tout cas, il va bien, et c'est l'essentiel. Bon, je t'ai laissé de quoi manger à la cuisine, moi je sors faire des courses.
Tina passa un manteau, et, laissant son mari à table, sortit d'un pas tranquille.

Robert avait à peine eut le temps de s'installer au salon devant la télévision pour siroter son café, qu'on sonna à la porte. Il regarda sa montre: 14h15. Qui pouvait bien venir à cette heure?
En maugréant, il alla ouvrir. Sur le palier, se tenait une petite femme brune, la quarantaine, à l'air décidé.
– M. Gantien?
– Oui?
– Bonjour, je suis Sylvie Dallan; je suis assistante sociale, mandatée par la D.D.A.S.S. J'ai pour mission de mener une enquête sociale tant auprès de vous que du voisinage pour que la garde de votre neveu, Marco Messina, vous soit définitivement confiée, à vous et à votre femme… Est-ce qu' elle est là?
– Non… Elle est sortie faire des courses… Mais entrez…
– Merci, et le petit Marco?
– Il n'est pas là… Il est… euh, en vacances, en vacances chez des amis!
– C'est ennuyeux, quand est-ce qu'il rentre?
– Je ne sais pas, d'ici quelques jours…
– Bon écoutez, est-ce que vous ne pourriez pas vous organiser pour qu'il soit là, disons après demain? Vous comprenez, j'ai reçu ce dossier avec mention «urgent» alors je le fais passer en priorité, mais moi aussi j'ai des projets de vacances, alors soit on règle cela rapidement, et

j'envoie mon rapport en fin de semaine, soit, eh bien, on laisse passer les fêtes et on revoit cela en début d'année. Mais il vous faut savoir tout de même, du moins d'après la notification que j'ai reçue, que le dossier d'indemnisation de l'assurance, suite au décès du père du petit Marco, reste en attente tant que la décision de la D.D.A.S.S. n'a pas été notifiée…
– Comment cela?
– Eh bien, en même temps que le dossier relatif à votre neveu, j'ai reçu une lettre de l'ancien employeur de M. Messina, m'indiquant que le contrat d'assurance souscrit par celui-ci avait pour principaux bénéficiaires son fils Marco, à hauteur de 75% de la somme, et sa sœur Mme Christina Gantien, votre épouse, pour les 25% restant, étant entendu que jusqu'à la majorité de votre neveu, c'est son tuteur qui aura la responsabilité de la gestion du capital de Marco…
– Qu'est-ce que cela veut dire?
– Cela signifie que pour protéger le capital de votre neveu, et en même temps pourvoir à ses besoins, le capital sera placé, mais que le tuteur en recevra chaque mois l'usufruit, une somme suffisante pour couvrir tous les frais courants; mais sans entamer le capital qui, lui, sera remis à l'enfant à sa majorité. Comme vraisemblablement c'est à vous que le petit Marco sera confié, on m'a donc demandé de traiter ce dossier en priorité absolue, afin que ce problème d'indemnisation soit réglé sans délai. C'est pourquoi, je désire rencontrer votre femme et votre neveu au plus vite.
– Et…est-ce que vous avez une idée du montant que cela représente?
– Une jolie somme Monsieur Gantien, pas loin de un million et demi…
– Nouveaux?
– Evidemment!
– Je comprends, je comprends. Ecoutez, je vais faire le maximum, mais vous savez, en ce moment ma femme est plutôt secouée par cet événement; elle est même allée jusqu'à me dire qu'elle refuserait toute somme d'argent qui lui serait versée. Je crains qu'elle ne vous fasse pas très bon accueil…

– Je comprends, de toutes façons, elle ne peut pas refuser cet argent, elle pourra toujours en faire don, si elle ne le veut pas, du moins pour la part qui lui est due en nom propre, mais il lui sera versé de toute manière, c'est la loi. Quant à son accueil, je ne m'en formaliserai pas, j'ai l'habitude, vous savez, et je la comprends. Ce qui est important pour moi et pour elle aussi, indépendamment de cette histoire d'indemnisation, c'est que la garde de son neveu lui soit accordée.
– Eh bien comptez sur moi. Je ferai le nécessaire pour que Marco soit là après-demain.
– Très bien, je vous remercie, à bientôt.
Robert referma la porte sur sa visiteuse, un peu choqué par la nouvelle: «Comment faire? Mettre Tina au courant? Elle allait sûrement lui dire encore une fois qu'elle ne voulait pas de l'argent, et elle refuserait probablement d'aller chercher Marco, juste pour le contrarier... D'autre part, Marco ne reviendrait sûrement pas avant la fin des vacances, que faire? Il fallait pourtant que cette assistante sociale fasse un bon rapport...»
Soudain il se sentit pâlir: Tina avait lancé un avis de recherche à la Police. Un enfant fugueur, cela risquait d'être du plus mauvais effet pour le rapport. Non, il fallait absolument que Marco rentre au plus vite. Si seulement il savait où aller le chercher. «On ne pouvait tout de même pas risquer de passer à côté de tant d'argent à cause d'un caprice de gosse! Bon, il était choqué par la mort de son père, c'était compréhensible, mais plus tard, dans quelques années, il serait bien content de le toucher cet argent. Jusque là, si Tina et lui pouvaient en bénéficier un peu aussi, ce ne serait que justice, depuis toutes ces années, qu'ils s'en occupaient de ce gosse, qui après tout n'était même pas le leur!»
Interrompant Robert dans ses réflexions égoïstes, le téléphone sonna.
– Allô?
– Allô, je suis bien chez Marco?
– Oui, mais il n'est pas là.
– Je le sais, je suis Alain, son ex-moniteur de colo. Je voulais savoir si vous aviez de ses nouvelles. Hier Damien m'a rappelé pour me de-

mander un numéro de téléphone, il pensait que Marco était peut-être allé chez des amis qu'ils s'étaient faits en Suisse, lors de la colo... Est-ce que vous savez s'il avait raison?
– Tina m'a dit qu'il était bien chez des amis, oui; dites-moi, vous qui les connaissez, qu'est-ce que c'est comme genre?
– Les Wieler? Ce sont des gens très très gentils, ça ne m'étonne pas qu'il soit parti là-bas. Il s'était lié d'amitié avec leur fils. Marco et les autres avaient passé de très bons moments chez eux, ils étaient montés à cheval, s'étaient baignés, bref, de supers contacts, on avait même assisté à la naissance d'un petit veau... ça avait vraiment été de très bons moments...
– Ah oui, c'était lors de cette excursion au bord d'un petit lac, j'avais vu une photo, comment est-ce que cela s'appelle déjà ?...
– Le Lac de Taillères, un très joli coin. Bon, et bien je suis enchanté que cette histoire se termine bien, je suis vraiment désolé pour son père... Allez, au revoir Monsieur, et merci!.
– Au revoir... Robert raccrocha...
Au même moment, Tina rentra.
– Tu n'as pas eu de coups de téléphone? demanda-t-elle.
Eludant la question, Robert annonça:
– J'ai eu la visite d'une assistante sociale; elle voulait te voir, ainsi que Marco. Elle reviendra après-demain. C'est pour faire un rapport pour que tu obtiennes le droit de garde de Marco. Il faut qu'il rentre!
– Pas d'ici vendredi en tout cas, il est très bien là-bas. Il a eu assez de moments difficiles, laissons-le souffler un peu, l'assistante sociale attendra! conclut-elle d'un ton sans réplique.
Robert ne l'entendait pas de cette oreille, il ne voulait pas prendre le risque d'indisposer l'assistante sociale...
– Je me suis engagé à ce que Marco soit là vendredi, et il sera là!
– J'en doute! il est bien entouré. Quand il en aura envie, et bien, il reviendra.
– Mais si cette femme, cette assistante sociale apprend qu'il a fait une fugue, peut-être qu'elle fera un mauvais rapport, et qu'on n'aura pas la garde de Marco!

– Depuis quand est-ce que tu t'inquiètes de savoir si on pourra garder Marco?
Tina sentit que Robert lui cachait quelque chose:
– Qu'est-ce qu'elle t'a dit, hein? Je suis sûre qu'il y a autre chose…
Robert décida de tenter le tout pour le tout:
– Oui, il y a autre chose, il y a un million et demi de francs en jeu, dont les trois quarts sont pour Marco. Et si tu ne te bouges pas pour le faire revenir, il y a de bonnes chances pour que ce soit quelqu'un d'autre qui en profite, tout en élevant ton neveu! Et moi, penser à çà me fait bouillir!
Tina secoua la tête.
– Il n'y a que l'argent qui compte pour toi; que Marco souffre, qu'il en soit à fuir la maison, ça t'est égal!
– Non, mais dans la situation financière où l'on est, je trouve qu'on ne peut pas s'offrir le luxe de passer à côté d'une pareille somme d'argent!
– Et bien, il attendra ton argent. Je ne bougerai pas le petit doigt pour le faire revenir!
Sur ces mots, Tina retourna dans sa cuisine et ferma la porte sur elle.
Robert était furieux:
– Ah, elle ne voulait pas bouger… Et bien c'était lui qui allait s'en occuper!
Farfouillant dans la bibliothèque, il y dénicha l'atlas routier et en quelques minutes repéra la petite tâche bleue du Lac des Taillères mentionné par Alain.
Sur un papier, il releva l'itinéraire ainsi que le nom de la famille: Wieler. Il n'aurait sûrement pas trop de peine à les trouver; à la campagne, tout le monde se connaît… C'était décidé, il partirait demain, de bonne heure.

Le vent frais cinglait Marco au visage. Couché sur l'encolure, la crinière de Perle lui fouettant les joues, il avait l'impression de voler. La jument s'était lancée de bonne grâce, dans un galop léger, sur le chemin enneigé bordant le lac.
Le ciel était bleu pâle, tout était calme, comme hors du temps. Les seuls bruits perceptibles étaient l'impact régulier des fers sur la neige et la respiration puissante de la jument.
Marco tira un peu sur les rênes; docile, Perle ralentit, passa au trot, puis au pas.
– C'est bien ma belle… approuva Marco.
Pour sa deuxième sortie, il pensa qu'il ne s'en tirait pas trop mal. La veille, il s'était senti un peu tendu; normal pour une première fois, mais, rapidement, il avait pris de l'assurance. Et surtout, beaucoup de plaisir!
Didier l'avait félicité à son retour:
– Tu t'en tires bien dis moi! Dans ces conditions, tu as l'autorisation de la monter autant que tu le désires!
Il ne se l'était pas fait dire deux fois.
Ce matin, il s'était levé de bonne heure et après le déjeuner, avait foncé à l'écurie. De toute manière, Philippe ne comptait pas sur lui: il avait rendez-vous chez le médecin.
Marco avait commencé par nettoyer la stalle de la jument. Comme disait papi: «Un cavalier, ça ne fait pas que monter à cheval!»
Ensuite, il avait brossé Perle, du bout des naseaux jusqu'à la queue, tandis qu'elle mangeait son avoine.
Finalement, après deux heures d'efforts, il l'avait sellée, et était parti pour une nouvelle balade.

Perle s'était arrêtée. Nerveusement, elle gratta le sol de son sabot.
– Qu'est-ce qu'il y a? Qu'est-ce que tu cherches? Il n'y a rien à manger ici! dit Marco.
Mais la jument reniflait la neige fraîche en bordure de la route; soudain, avant d'avoir réalisé ce qui se passait, Marco se sentit perdre l'équilibre.

– Eh! Mais qu'est-ce que... Le reste de sa phrase se perdit dans la poudreuse, tandis que la jument facétieuse se roulait sur le dos avec un plaisir évident.
Marco ne put s'empêcher de rire:
– Ah tu m'as bien eu! Attends que je t'attrape!
Mais c'était plus facile à dire qu'à faire... Tant qu'elle se roulait dans la neige, il n'était pas question d'approcher et saisir les rênes au moment où elle se remettait debout relevait de l'exploit! Il était évident que la jument prenait un malin plaisir à échapper à son cavalier...
Après plusieurs essais infructueux, de guerre lasse, Marco s'assit boudeur sur une borne, au bord du chemin.
Le lac gelé, était recouvert d'une épaisse couche de neige. Pourtant par moments, on entendait de sourds craquements qui se répercutaient dans la colline, faisant écho. Marco frissonna; ses vêtements étaient trempés. Il entendit dans son dos, le bruit feutré par la neige des sabots de Perle. Elle semblait venir dans sa direction. Il se garda bien de bouger. Peut-être qu'elle s'approcherait assez pour qu'il puisse enfin saisir ses rênes... Les pas se rapprochèrent encore, puis s'arrêtèrent, juste derrière lui. Il sentit un souffle chaud près de son coup. Doucement, il monta la main à la hauteur de sa tête, et ses doigts rencontrèrent les nasaux, doux et humides. La jument ronfla doucement, et frotta son museau contre son épaule. Doucement, mais fermement, Marco saisit la bride, juste sous le mors.
– Tu ne m'échapperas plus, coquine. Tu veux te faire pardonner ou quoi?
Perle le regardait de ses yeux tranquilles.
– Tu caches bien ton jeu, hein? Qui croirait que tu es capable de pareilles plaisanteries! Allez, on rentre!

Il était en train de remonter les étriers avant de pénétrer dans l'écurie, quand il vit arriver Michèle et Philippe de retour de la visite chez le médecin.
Philippe sortit de la voiture le premier et voyant les vêtements de Marco et la selle mouillée par la neige, il éclata de rire:

– Je parie qu'elle t'a fait le coup de se coucher dans la neige!
Marco hocha la tête, l'air déconfit.
– T'inquiète pas, elle fait ça à tout le monde... Dis, tu ne te débrouilles pas mal, pour quelqu'un qui ne monte pas régulièrement...
– Merci...
Tout à coup, Marco prit conscience que quelque chose avait changé chez Philippe...: il n'avait plus ni béquille ni plâtre!
– On t'a enlevé le plâtre?
– Et oui, mon pote! Le médecin m'a fait la radio et les deux fractures se sont solidifiées! Il n'en croyait pas ses yeux! Il regardait les anciennes radios, les nouvelles, et il n'arrivait pas à comprendre que ce soit déjà réparé. Alors maman lui a dit pourquoi.
– Pourquoi?
– Et bien parce qu'on a prié, et que Dieu m'a guéri!
– Et qu'est-ce qu'il a dit?
– Qu'il ne croyait pas aux miracles, que j'avais simplement une calcification spécialement rapide...
«Il a sûrement raison, pensa Marco, les miracles, si ça existait...».
Et sans faire de commentaire, Marco planta là Philippe et tirant sur la bride de Perle, il pénétra dans l'écurie.
Philippe le suivit.
– Alors? A part la blague de tout à l'heure, ça va bien avec elle?
– Oui.
– Tu vas pouvoir continuer de t'en occuper; moi je dois attendre au moins 15 jours, encore.
- ...
Papi entra dans l'écurie:
– Philippe, ta mère t'appelle.
– O.K., j'y vais.
Tout heureux de sa liberté de mouvements retrouvée, Philippe sorti de l'écurie d'un pas beaucoup plus aisé.
– Tu veux que je t'aide? demanda papi, en voyant Marco peiner un peu pour enlever et ranger la selle.
– Non, ça va. Merci.

– C'est la mauvaise blague de cette chipie de jument qui t'a mis de mauvaise humeur?
Marco secoua la tête, laissa passer un moment puis, finalement posa la question qui le travaillait:
– Vous aussi vous y croyez, à cette histoire de «miracle»?
– Oui, j'y crois.
Visiblement, un flot de pensées tumultueuses s'agitaient dans la tête de Marco qui explosa finalement:
– Alors, pourquoi est-ce que votre Dieu, s'il fait des miracles, il n'empêche pas les gens de se faire tuer, hein? Pourquoi est-ce qu'il y en a qui ont tout, et d'autres qui n'ont plus rien? Il a des chouchous ou quoi? Pourquoi est-ce qu'il en guérit certains, et les autres il les envoie se faire tuer à la guerre! A quoi il sert votre Dieu, hein?
Sans même s'en rendre compte, Marco s'était mis à crier. Perle, surprise s'agita dans sa stalle.

Papi ne semblait pas surpris par l'agressivité des questions de Marco. Tranquillement, il le regarda dans les yeux. Et Marco vit que dans ses yeux-là, il n'y avait pas de colère, seulement de la chaleur, qui donnait envie de se confier...
– Viens par là, dit papi, on va causer tous les deux. Lui mettant la main sur l'épaule, papi l'amena un peu plus loin, là où il y avait des bottes de paille empilées. Tous deux s'assirent sur ce fauteuil improvisé.
– Vois-tu mon garçon, il faut que tu saches que Dieu est Tout-Puissant, et c'est vrai qu'il est capable de faire des miracles extraordinaires, mais si ton père s'est fait tuer, ce n'est ni parce qu'il a des chouchous, ni parce qu'il le voulait ainsi, je ne le crois pas. Ce que je crois, c'est que Dieu ne fait que des bonnes choses. Il ne nous a pas créés et mis sur la terre dans le but de nous faire souffrir, il veut que tous, chacun en particulier nous soyons heureux. Mais le problème, c'est que les hommes eux font rarement ce qu'il faut pour cela...
Marco resta un moment interdit:
– Comment... qui vous a dit que mon père...
Papi eut un sourire un peu triste...

– D'abord j'ai entendu sans le vouloir ta communication avec l'horloge parlante déjà, je me suis douté qu'il y avait quelque chose d'anormal. Et puis, hier, ton copain Damien nous a appelés, tout le monde te cherche là-bas…
Marco ne dit plus rien. Il était catastrophé.
Son répit n'aurait été que de courte durée… Il allait devoir reprendre son sac, et rentrer, se retrouver à nouveau…
Papi le secouait par la manche:
– Et petit, tu entends ce que je te dis? Nous sommes convenus avec ta tante que tu resterais ici jusqu'à la fin des vacances, le temps de te changer d'air, quoi.
– Vous voulez bien que je reste?
– A moins que toi, tu préfères rentrer…
– Non, non, je préfère rester! dit Marco sans hésitation.
Puis il ajouta:
– Philippe aussi, il le sait? Je veux dire que je suis parti de chez moi?
– Non, il n'y a que ses parents et moi qui le sachions. C'est ton ami, c'est à toi de le lui dire… Du moins si tu le désires.
– Pourquoi vous faites ça?
– Quoi?
– Et bien ça, même quand je vous raconte des bobards, vous ne dites rien, et puis là, vous me proposez de rester…
Avec un éclair de malice dans le regard, papi répondit:
– C'est à cause de la jument, si tu n'étais pas là pour la sortir, je serais obligé de le faire moi-même…
Il y eut un silence, Marco avait esquissé un sourire, il savait bien que la vraie raison n'était pas là.
– Tu veux savoir pourquoi? Et bien tout d'abord, c'est parce qu'on t'aime bien. Ensuite, aussi c'est parce que si tu as éprouvé le besoin de quitter ta maison, c'est sûrement parce qu'il faut que tu prennes un peu l'air et que tu te changes un peu les idées. Et s'il te faut encore une autre raison… c'est aussi parce que je pense que tu vas bientôt trouver des réponses à tous ces «pourquoi» qui te préoccupent… Pourquoi est-ce que tu as mal, pourquoi certains semblent tout avoir alors que

toi tu crois que tu n'as plus rien… Tu sais, j'ai perdu ma femme, il y a quelques années… et ça m'a fait très mal, mais c'est Dieu qui m'a consolé. Dieu n'est pas un personnage assis sur un nuage, qui décide qui va mourir ou ne pas mourir, qui punit et qui juge… Dieu, c'est la personne qui te connaît le mieux au monde. Est-ce que tu sais, qu'il connaît tes pensées, qu'il te voit à chaque instant? Pas pour te juger, par pour t'interdire ceci ou cela; non, depuis le jour où tu es né, il n'a eu qu'une idée en tête: «Il faut que ce petit Marco sache que je l'aime!». Voilà ce qu'il se dit Dieu, en te regardant. Il faut que tu le saches! Non seulement Dieu t'aime mais il a un projet pour ta vie…

– Mais alors pourquoi Papa et Maman sont morts? Il ne pouvait pas les laisser vivre? Les protéger?

– Vois-tu Marco, je te l'ai déjà dit, ce n'est sûrement pas Dieu qui a voulu te priver d'eux. Mais c'est à cause d'une histoire aussi vieille que le monde… C'est l'histoire du bien et du mal:

Tout ce que Dieu a créé était bon, c'est la Bible qui nous le dit, mais un des êtres que Dieu avait créés s'est révolté contre lui. Cet être s'appelle Satan. Et quand Dieu a créé la terre et qu'il l'a donnée à Adam et Eve, Satan a été jaloux, et il a réussi à amener Eve à désobéir…

– Ah, oui, le coup de la pomme, c'est vrai cette histoire là?

– Oui et ça a été un moment terrible pour l'humanité. A partir de là, ce n'était plus l'homme qui avait la possession de la terre, mais le diable, Satan. En désobéissant, l'homme avait perdu ses droits, et Satan lui a volé son bonheur…

– Mais quel rapport avec moi?

– Le rapport? C'est que tout homme est aujourd'hui à la merci des malheurs que le diable déverse sur la terre, à moins…

– A moins?

– A moins qu'il ne comprenne et qu'il ne croie que Dieu existe, qu'il est plein d'amour et qu'il veut nous arracher au malheur. Comme il l'a fait pour moi.

– Et ceux qui ne croient pas?

– Et bien ceux qui ne croient pas, ils continuent de laisser le diable semer la souffrance dans leur vie. Il en a le droit.

Toux ceux qui naissent sur cette terre sont comme Adam et Eve, et moi aussi: pécheurs. Tous, depuis petits, nous avons menti, désobéi, été méchants… c'est le péché, tant qu'on est comme ça, on appartient au diable, il a le droit de nous faire du mal.

– Mais comment vous pouvez affirmer que pour vous c'est différent puisque vous avez dit que tout le monde sur la terre est pareil?
– La différence, c'est qu'un jour je me suis rendu compte que justement j'avais toutes ces mauvaises choses dans ma vie et que j'appartenais au diable. Mais ça je ne le voulais plus. Et puis surtout, j'avais peur de la mort… J'avais besoin de savoir où j'irai, après… Alors, j'ai commencé à lire la Bible, et j'y ai trouvé une chose extraordinaire!
– Ah, oui? dit Marco, l'air pas très convaincu…
– Oui, j'ai découvert que Dieu, lorsqu'il a constaté que tous les hommes étaient méchants, a décidé d'effacer leur méchanceté.
– Comment est-ce qu'on peut faire ça?
– C'est très simple. Dis-moi, si tu dois de l'argent à quelqu'un, et que tu ne peux pas le rembourser…
– Oui? (Marco pensa à Tina…)
– Et que moi je vienne et que je te donne l'argent dont tu as besoin pour rembourser, tu pourras payer ta dette et tu ne devras plus rien n'est-ce pas?
– Oui…
– Et bien avec Dieu c'est pareil. Dieu est tellement pur, qu'il ne peut accepter tout ce qui est méchanceté. Et quand il y a méchanceté, pour l'effacer, il n'y a qu'une seule solution: faire mourir celui qui a fait cela.
– Et bien, il n'y va pas de main morte!
– Non, c'est très sérieux, la Bible dit que le salaire du péché, c'est la mort… Mais Dieu ne veut pas notre mort, il nous veut près de lui. Alors, il a payé la punition à notre place: Jésus est mort, sur une croix, alors qu'il n'avait jamais rien fait de mal. Puis il est ressuscité. Aujourd'hui, tu peux changer de camp, tu peux croire ce que je viens de t'expliquer, comme je l'ai fait, il y a plusieurs années, et le diable ne pourra plus semer le malheur dans ta vie…

Marco se leva et s'approcha de Perle... Elle avait mangé son foin tandis qu'ils discutaient, et maintenant, satisfaite, elle somnolait tranquillement, debout.

«Est-ce que réellement, toutes ces choses étaient vraies? Est-ce que le fait d'y croire ou non pouvait changer sa vie? Qu'est-ce qui pouvait bien changer d'ailleurs, ça ne lui ramènerait pas son père...»

La voix d'Alicia le tira de ses réflexions:

– Papi, Marco, à table!

– Allez viens fiston dit papi en se levant péniblement, à la soupe!...

Chapitre XIV

Course poursuite

Quand Marco se réveilla, le lendemain, Philippe était déjà levé. Marco lui, n'avait pas très bien dormi. Il avait fait des rêves bizarres, dans lesquels il voyait pêle-mêle, Tina, son père, en train de l'appeler, de le chercher…

Il s'habilla vite fait, et se rendit à la cuisine, pour prendre son petit déjeuner.

Philippe était là, il finissait ses tartines.

– Alors, qu'est ce que tu fais ce matin, tu montes Perle?

Marco ne répondit pas tout de suite en fait il hésitait:

– Je ne sais pas, qu'est-ce que tu vas faire toi?

– Oh, je vais finir ma maquette, j'aurai moins de mal, maintenant, sans mes béquilles… Tu me files un coup de main?

– O.K.

– Où est-ce que je te la pose la loco? Juste devant le tunnel?

– Oui, ce sera impeccable.

– J'ai parlé avec ton papi, hier.

– Ah oui? Il est super pour ça, j'aime bien parler avec lui moi aussi. Il a le temps, c'est pas comme papa, qui doit toujours partir travailler…

– Il m'a parlé de Dieu… Vous êtes très croyants, dans ta famille…

– Pas chez toi?

– Ma tata, oui, elle fait toujours des prières, et elle met des cierges, à la vierge… Mais on dirait que ses prières, elles, ne font rien… Et puis c'est pas comme vous, quand elle prie, elle dit toujours la même cho-

se, des trucs appris par cœur, qu'elle récite. Vous quand vous priez, vous dîtes ce que vous avez envie?
– Bien sûr, quand je te parle, je te dis ce que j'ai envie de dire,, eh bien avec Dieu, c'est pareil.
Marco demeurait pensif. Il se décida pourtant à exposer à Philippe les interrogations qui le tracassaient:
– Mais qu'est-ce que dit la Bible exactement, que Dieu a fabriqué tous les animaux, et puis l'homme et qu'il les a mis dans le Paradis, non? Avant l'histoire de la pomme là… Mais ça ne tient pas debout cette histoire de création, tout le monde sait que l'homme est le dernier maillon de l'évolution!
Philippe réfléchit un instant. Evidemment, cet argument n'était pas sans fondement, mais il avait sa petite idée sur la question:
– Est-ce que tu as déjà vu un tableau comme en faisaient les Romains, avec des centaines de tout petits cailloux?
– Oui, pourquoi?
– Est-ce que tu crois qu'en lançant ces petits cailloux des millions de fois, tu arriverais a ce qu'ils reprennent tous exactement leur place pour reformer le dessin, d'une manière parfaite?
-… Ca me paraît plutôt impossible…
– Je le pense aussi, et tu vois, pour que «par hasard», il y ait eu toutes les caractéristiques nécessaires, pour que tout à coup, de rien du tout, à cause d'une explosion d'un astre quelconque, un éclat soit parti, avec, «par hasard», juste la bonne masse, pour pouvoir se mettre à tourner régulièrement autour du soleil, dans un axe parfait, tournant sur lui-même en vingt-quatre heures et autour du soleil en exactement 365 jours un quart… qu'ensuite, il se soit trouvé «par hasard» encore, les conditions idéales, pour que la végétation naisse… Tu sais le nombre de planètes qui existent dans notre galaxie? Tu ne trouves pas étrange que ces milliers de «hasards parfaits» se soient produits sur la nôtre, et sur aucune autre à notre connaissance? Ça ne tient pas debout leur histoire de l'évolution… Regarde la nature, les arbres les fleurs, les insectes, la manière dont ils se reproduisent. L'abeille, qui permet la pollinisation des fleurs tout en prenant le nectar pour fa-

briquer son miel… Tout est trop parfait dans la création, et surtout trop complexe, pour ne pas avoir été créé par une intelligence et une volonté précises… D'ailleurs de plus en plus de scientifiques le reconnaissent…

Et puis tu sais, le fait que «tout le monde» croie la théorie de l'évolution, ne prouve rien… Il y a quelques siècles, tout le monde croyait que la terre était aussi plate qu'une assiette, ce n'était pas vrai pour autant…

– Mais les dinosaures, toutes ces bêtes qui ont été retrouvées…

– Et alors? Dieu a très bien pu les créer et qu'elles aient disparu ensuite… Il y a je ne sais pas combien de sortes d'animaux qui disparaissent chaque année, et encore heureux que les associations écologistes existent, parce que sinon, il y en aurait trois fois plus qui auraient déjà disparu…

Marco devait admettre qu'il n'avait jamais envisagé les choses sous cet angle. Et il ne savait plus trop que penser. «Est-ce que Dieu existait vraiment? Et s'il existait, qu'est-ce que cela pouvait changer pour lui?»

❖

Tina était en train de faire sa vaisselle: une assiette, un verre… autant dire trois fois rien; une fois de plus, Robert n'était pas rentré déjeuner ce midi… D'ailleurs, depuis qu'elle avait refusé, la veille, de faire rentrer Marco, il n'avait plus desserré les dents…

Tant pis pour lui, elle supporterait bien sa bouderie; savoir Marco tranquille et entouré était autrement plus important que son confort personnel…

La sonnette de la porte d'entrée retentit.

S'essuyant les mains à son tablier, Tina se dirigea vers la porte, l'ouvrit… son visage se figea à la vue de l'homme qui se tenait sur le palier:

– Mais… ce… c'est impossible… c'est toi… ils ont dit… que tu étais mort… Tina bafouillait, ne trouvait plus ses mots.

Flavio, un immense sourire sur le visage, lui saisit les mains, la serra dans ses bras.
– Et bien, en voilà un accueil! Qu'est-ce que tu racontes, je ne suis pas mort, je suis bien vivant! Je n'ai jamais été aussi vivant! Regarde! Et la saisissant sous les genoux et les aisselles, il la porta jusqu'au salon.
– Tu vois, ton petit frère est bien vivant, en chair et en os!
– Vivant, tu es vivant! Je n'arrive pas à réaliser!…
Tina se mit à pleurer, mais pour la première fois depuis de longs mois, c'était cette fois des larmes de joie.
– Allons ma Tina, ne te mets pas dans de tels états, dis-moi plutôt où est Marco?
– Il n'est pas là…
– Où est-il? Je vais aller le chercher tout de suite!
– Il est en Suisse.
– En Suisse? Qu'est-ce qu'il fait en Suisse?
– C'est une longue histoire…
– Bon, et bien habille-toi, tu me la raconteras en route, on va le chercher!
– On va le… Oui, c'est une excellente idée, allons le chercher!… Mais qu'est-ce qui t'es arrivé, tout ce temps…
– Moi aussi c'est une longue histoire, alors si tu veux, on parlera chacun notre tour…!
Sans plus attendre, Tina enfila chaussures et manteau, et moitié riant moitié pleurant, tous deux descendirent au garage.
La voiture n'y était pas…
– Pourtant… Robert ne m'a pas dit qu'il partait en voiture, à moins que… Non, ce n'est pas possible, comment l'aurait-il su?
– Su quoi? Flavio avait du mal à suivre la pensée de sa sœur.
– Su où est Marco. Il voulait absolument le faire revenir à cause de l'argent de l'assurance!
– Mais de quoi parles-tu? Je ne comprends rien à ton histoire!

– Je t'expliquerai! Viens allons chez Jeanne et Patrick, peut être qu'ils pourront nous prêter leur voiture..

Ce fut Jeanne qui leur ouvrit la porte. Et qui faillit tomber à la renverse en apercevant Flavio.
– PA… Patrick!
– Oui, qu'est-ce qu'il y a? La tête de son mari apparut à la porte du salon.
– Flavio! Vieux frère! Il n'ont pas réussi à t'avoir! C'était de l'intox! Je m'en doutais un peu, tu vois, je n'arrivais pas à croire que tu étais mort, je ne voulais pas y croire! Les deux amis s'embrassèrent.
– Que c'est bon de te revoir!
– Je vais faire du café pour tout le monde! ajouta Jeanne, ça ne sera pas de trop après de pareilles émotions… Tu as de la chance que je ne sois pas cardiaque, Flavio, parce que sinon, tu aurais pu appeler le SAM! Tout le monde rit un bon coup.
– J'aimerais quand même bien savoir, pourquoi vous m'avez tous cru mort?
C'est Tina qui entreprit de lui raconter, en résumé, tout ce qui s'était passé pendant son absence: l'attente angoissée, la visite de Franck, et finalement, la convocation et l'annonce de son décès…
– Tout ça à cause de mon portefeuille et de ma chevalière?
– Oui, tu ne pouvais plus l'enlever… Ce ne pouvait être que toi…
– A un petit détail près… répondit Flavio, c'est qu'au mois de mai, je me suis blessé à ce doigt, et qu'on m'a coupé la chevalière pour pouvoir me soigner… Par la suite, je l'ai fait réparer, mais comme mon doigt était resté gonflé, je ne l'ai pas remise… Et tout m'a été volé le jour de l'invasion!

C'est aussi simple que ça!… Mais alors, Marco aussi me croit mort? Pauvre bonhomme, qu'est-ce qu'il a dû prendre dans la tête depuis six mois… Patrick, ça me ramène au motif de notre venue ici, avec Tina: Nous voulons aller en Suisse, le chercher, mais Robert est parti en voiture depuis ce matin, et il n'est toujours pas rentré… Alors, plutôt que

de le chercher partout... Est-ce que tu ne pourrais pas nous prêter ta voiture?
– Je voudrais bien.. mais elle est toujours au garage...
– Et si on demandait à Alain? dit Jeanne. Damien est justement chez lui, en train de regarder un match; on pourrait l'appeler pour le lui demander?
– Tu as raison, appelle-le, approuva son mari.
– Qui est Alain? demanda Flavio.
– C'est un ami de Marco et Damien, c'était leur moniteur à la colo, expliqua Tina.

– Allô? Alain? Oui, c'est Jeanne Santonny. Non, ce n'est pas à propos de Damien, mais dites-moi, il vous a dit que nous avons retrouvé Marco?
- ...
– Ah, Robert vous l'avait dit hier... Figurez-vous que nous sommes ennuyés, parce que Robert est parti avec sa voiture, ce matin, et nous ne savons pas quand il va rentrer, et la nôtre est en panne, est-ce que vous voudriez bien nous amener en Suisse pour aller le chercher?
- ...
– Merci beaucoup! C'est vraiment gentil! A tout de suite.
– Il arrive avec Damien, annonça-t-elle.
Tina semblait préoccupée:
– Il t'a bien dit que Robert lui avait parlé hier?
– Oui, dit Jeanne, figure-toi, qu'il avait appelé chez toi, pour avoir des nouvelles, savoir si Marco était bien en Suisse, comme Damien l'avait pensé.
– Oh, non, c'est pas vrai! Je suis sûre que Robert est parti là-bas et que ça va encore faire des histoires entre eux deux...
– Mais il y a quelque chose que je ne comprends pas. Vous ne saviez pas où était Marco? Flavio avait de la peine à suivre la conversation.
Il y eut un silence. Finalement, Tina raconta les difficultés de Marco, et puis sa fugue, dans le même temps, elle parla des fréquentes altercations avec Robert, et de sa dernière dispute avec celui-ci, la veille au

soir, alors qu'il lui avait parlé de l'argent de l'assurance. Flavio fut un peu assommé par toutes ces révélations, il ne savait pas ce qui lui pesait le plus, entre la visible souffrance de son fils et l'attitude foncièrement égoïste de son beau-frère. Une chose était certaine, il fallait aller tout de suite chercher son Marco, avant que Robert n'ait eu le temps de mettre davantage de panique!
Alain et Damien arrivèrent sur ces entrefaites. Sans leur laisser le temps de souffler, ni de réaliser ce qui se passait, Patrick dit à son fils:
– Damien, tu restes avec ta mère et Tina, elles t'expliqueront! Quant à nous, allons-y! dit-il, ouvrant la porte pour laisser passer Flavio et Alain, il n'y a pas de temps à perdre!

Le temps s'était gâté dans l'après-midi, un vent froid et humide s'était levé. Marco donna un coup de talon dans les flancs de Perle pour lui faire presser le pas. La jument secoua la tête et mit ses oreilles en arrière, signe de mécontentement évident: elle non plus n'aimait pas le vent.
Avec soulagement, Marco pénétra dans l'écurie bien chaude. Perle voulut s'arrêter près du vieil abreuvoir en pierre, près de l'entrée.
Marco tenta vainement de l'en dissuader:
– Allez, tu as de l'eau dans ta stalle, pourquoi est-ce que tu tiens à boire celle-là?
Bon gré, mal gré, il lui fallut bien s'accommoder des caprices de la jolie jument.
C'est à ce moment là qu'il entendit une voiture arriver. Une portière claqua... Il n'y prêtait guère attention, mais tout à coup, un timbre de voix le fit sursauter:
– Il y a quelqu'un ?

Robert! C'était Robert! Pourtant papi lui avait bien dit que tata Tina était d'accord, il pouvait rester ici, alors, que venait-il faire?
Puis il entendit la voix de papi:
– Oui, bonjour Monsieur, vous cherchez quelqu'un?
– En effet, je suis bien chez la famille Wieler?
– C'est ça, oui.
– Je suis Robert Gantien, et je suis venu chercher mon neveu, Marco!
Papi ne répondit pas tout de suite, mais quand il le fit, Marco remarqua que le ton de sa voix avait changé; il était beaucoup plus sec.
– Vraiment?
– Oui, je veux repartir avec lui, tout de suite!
– Je crois qu'il vaudrait mieux que nous en discutions à l'intérieur.
Didier Wieler regardait Robert d'un air dubitatif. Visiblement, cet homme ne lui inspirait guère confiance, avec son regard fuyant, ses mains toujours en mouvement qui trahissaient sa nervosité. De plus, il empestait la bière…
– Alors vous êtes l'oncle de Marco? Sachez que nous avons beaucoup de plaisir à le recevoir depuis quelques jours…
– Tant mieux, tant mieux, c'est un gosse qui n'est pas toujours facile, j'en sais quelque chose! Mais on l'aime bien, on peut même dire que c'est nous qui l'avons élevé… Oui, son père, lui, ne s'en est jamais vraiment occupé… Depuis la mort de la mère du petit… on ne l'a pratiquement plus revu…
Caché derrière la porte, Marco écoutait, fulminant:
«Qu'il ose encore dire un mot sur mon père, et je l'étrangle!»
Robert continuait son commentaire:
– Eh oui, les drames ne sont pas toujours faciles à assumer… Je comprends bien que le petit ait eu un moment de panique quand il a appris la mort de son père, quoi de plus normal? Mais il y a bien un moment où il faut faire face, n'est-ce pas?
Didier le coupa brutalement:
– Et vous pensez que c'est le moment d'y faire face pour Marco, c'est bien cela? Vous ne croyez pas que vous pourriez lui laisser le temps de souffler un peu?…

– Mais vous comprenez, il n'y a pas que ce côté-là du problème, il y a aussi tout ce qui découle des conséquences du décès de son père, tout le côté administratif, les papiers à remplir, l'enquête sociale, l'indemnisation… On ne peut pas laisser traîner cela…
Marco se sentit devenir glacé:
«L'indemnisation! Voilà pourquoi il est venu! Et bien il peut toujours courir, jamais je ne repartirai avec lui!»
Michèle, à son tour essaya d'argumenter:
– Pourtant votre femme nous a bien dit qu'elle était d'accord pour le laisser ici jusqu'à la fin des vacances, et je vous assures qu'il ne nous dérange pas du tout!
– Ma femme vous a dit cela avant qu'on ait eu la visite de l'assistante sociale qui elle, veut voir Marco demain!
– Bon, il me semble que le plus simple serait peut-être de demander l'avis du principal intéressé, non? proposa papi.
– Je suis de cet avis. En tout cas, Marco ne partira pas d'ici contre son gré, approuva Didier, il a suffisamment souffert, je crois, ces derniers temps, sans qu'on lui impose de nouvelles pressions morales, tout cela pour des raisons administratives!
– Je vais le chercher. dit papi.

Mais Marco n'était nulle part, ni dans l'appartement, ni dans l'écurie, pas plus que Perle d'ailleurs… Pour s'en assurer, papi sortit et fit le tour de la maison… De loin, un voisin l'apostropha:
– Qu'est-ce que tu lui fais manger à ta jument, je viens de la voir partir comme la foudre, avec ton petit français…
– Partir? Il vient juste de rentrer…
– Et je te prie de croire qu'il la poussait au maximum, ils ont pris le chemin du lac, et regarde, on ne les voit déjà plus!

Papi rentra.
– Je ne pense pas que vous repartirez avec votre neveu, Monsieur. Il vient de prendre «la poudre d'escampette!»
Didier regarda son père l'air interrogateur.

– Avec Perle, commenta papi.
Et l'air soucieux, il ajouta:
– Tu as vu le temps?
Didier hocha la tête. Dehors, le ciel était sombre et dans le vent froid, de lourds flocons commençaient de danser. Mais ce n'était pas le plus ennuyant. Ce qui l'était davantage c'était l'heure tardive; une demi-heure encore… et la nuit allait tomber…

Marco donna une nouvelle impulsion des talons, dans les flancs de Perle qui galopait déjà à toute vitesse. Après avoir fait le tour du lac, il lui avait fait prendre une petite route, à travers la forêt.
Jamais il ne repartirait avec Robert! Il ne supportait plus son oncle. Tout ce qui comptait pour lui, c'était l'indemnisation… Que son père soit mort, il n'en avait rien à faire, et de lui non plus; ça, il y avait longtemps qu'il s'en était rendu compte… La seule chose qui intéressait Robert, c'était l'argent qu'il pouvait arriver à retirer de cette situation…
Marco avait les yeux qui lui brûlaient, il n'aurait pas su dire si c'était à cause du vent froid ou des larmes qu'il sentait monter depuis tout à l'heure, des larmes de colère et d'impuissance…
Perle ralentit son rythme. Ils étaient arrivés sur une sorte de plateau, en haut de la colline. Marco n'était jamais venu aussi loin, il fit tournoyer sa monture un moment, cherchant quelle direction prendre. Il avait le choix entre deux petits chemins dégagés qui devaient mener à des fermes isolées, et un sentier forestier emprunté par des tracteurs. Il en avait croisé, la veille, lors de sa promenade. Ils descendaient la colline avec un chargement de troncs d'arbres fraîchement abattus.
Marco choisit le sentier forestier.
– Yeah! Allez, on y va Perle!

La jument repartit au trot, puis au petit galop, sous l'insistance de Marco. Son encolure et ses flancs étaient couverts d'écume, il l'avait poussée à fond!
En fait, Marco ne savait pas où il allait. Mais en entendant son oncle parler de l'indemnisation, il avait à nouveau été saisi d'une irrépréhensible envie de fuir, là où Robert ne pourrait pas le suivre! Ni le retrouver!
Marco se laissait bercer par le petit galop de Perle, sa crinière fouettait son visage… il commençait à se sentir plus calme.
Soudain le chemin s'arrêta, ils étaient arrivés sur le chantier des bûcherons, à en juger par les nombreux troncs de sapins entassés çà et là ainsi que de grands tas de branches enchevêtrées; la neige était piétinée sur une grande surface, mais il n'y avait personne.
Toujours au petit galop, Perle fit du slalom entre les tas de bois. Elle avait visiblement l'habitude de rencontrer ce genre d'obstacle, et n'en n' avait pas peur. Marco la dirigea vers une petite butte, au delà de laquelle s'étendait une prairie dégagée d'arbres.
Mais ce qu'il ne pouvait voir de là où il était, c'était la pente importante descendant derrière la butte et qui était dissimulée par l'amas de neige que le vent y avait amoncelé.. Ajouté à cela, le peu de lumière et l'uniformité de la neige…Ce n'est que lorsque, emportée par son élan, il vit Perle s'enfoncer jusqu'au poitrail dans la neige lourde que Marco s'en rendit compte. Ce fut comme si monture et cavalier s'étaient encastrés dans un mur: leur course fut stoppée net. Sous l'effet du choc, Marco se sentit projeté en l'air, et, passant par dessus la tête de la jument, il atterrit lui aussi dans la neige, quelques mètres plus loin. Comme il se relevait, il entendit Perle se débattre pour sortir de la congère. Mais tout de suite, il s'aperçut qu'il y avait quelque chose d'anormal. La jument semblait effrayée, faisait des mouvements désordonnés… Puis Marco vit le sang, qui, en traits écarlates, venait souiller la neige…
La jument hennit.
«Perle est blessée!» Un vent de panique l'envahit… Tout d'abord, il ne saisit pas ce qui ce passait, puis il vit la neige bouger de part et d'autre

de la jument. L'extrémité d'un piquet apparut… Perle s'était pris les pattes dans une clôture… et Marco avait déjà constaté que dans les pâturages, les clôtures étaient toutes faites en fil de fer barbelés!… Il fallait intervenir, et vite. Plus Perle s'agitait, plus les griffes d'acier allaient lui déchirer les chairs!

– Perle, Perle! Doucement ma belle, arrête! Tu vas te faire du mal, attends, je vais te dégager de là!

Mais la jument était effrayée, et loin de se calmer, elle ne cessait de tirer pour se dégager.

Marco réussit à se saisir de la bride, et doucement, en lui parlant sans arrêt, il parvint enfin à la calmer un peu.

– Là ma belle, je t'en prie, reste calme, tu te fais du mal, attends, je vais essayer de te libérer… Il caressa ses naseaux frémissants. Elle avait les yeux exorbités par la peur et la douleur.

Lentement, il fit descendre ses mains le long de l'encolure, puis sur les flancs, pour parvenir jusqu'à l'arrière train.

L'épaisseur de neige rendait sa progression difficile, il enfonçait jusqu'à la taille.

Inlassablement, il continuait de parler à Perle qui tremblait de tout son corps, mais du moins avait cessé de s'agiter. Faisant glisser sa main le long du jarret, Marco trouva rapidement ce qu'il cherchait: le fil de fer…

Mais il était extrêmement tendu et, comme il le craignait, cruellement enfoncé dans la chair. Il fallait absolument arriver à le détendre, pour pouvoir ensuite dégager Perle. Pour autant qu'il puisse s'en rendre compte, une seule des pattes arrières avait été touchée, mais le dessous du ventre était écorché aussi, sans doute à cause des mouvements désordonnés de la jument.

Tout en continuant à lui parler doucement, Marco s'écarta un peu et commença à dégager la neige avec ses mains pour déneiger le reste de la clôture. Ce n'était pas aisé…

La nuit commençait à tomber, et, depuis un moment, de gros flocons de neige tourbillonnaient dans le vent. Peinant dans la neige, Marco déblayait, tirait, essayait de libérer un peu le fil de fer du poids de la

neige pour gagner la marge suffisante permettant de desserrer l'étau douloureux, autour de la patte blessée.
Finalement, il y parvint un peu. Revenant alors vers Perle, il entreprit tout d'abord de dégager la neige sous le ventre de l'animal et autour de la patte blessée. A force de brasser la neige, il ne sentait presque plus ses mains. Perle ne bougeait plus, elle semblait avoir compris ce qu'il voulait faire. Seule, sa patte blessée, était agitée de spasmes nerveux...
Délicatement, Marco saisit le fil de fer, juste là où il écorchait profondément l'intérieur de la cuisse, et tira lentement, pour gagner l'espace nécessaire à sa libération. Il sentit quelque chose de chaud couler sur ses mains: Perle saignait de plus belle.
«Pourvu que ce ne soit pas une artère...» pensa Marco.
– Là ma toute belle, on y est presque, ne bouge plus...
Il avait réussi à écarter les griffes métalliques de la chair; il fallait maintenant tenir le fil de fer le plus bas possible pour que la patte de Perle puisse être passée par dessus et dégagée. Il y parvint finalement, en maintenant le fil avec le pied tandis que des deux mains, il guidait le membre blessé.
– Ca y est, tu es libre! Tu peux y aller!
Marco revint vers la tête de la jument, attrapa la bride, et tira légèrement pour inciter l'animal à avancer.
Perle donna un ou deux coup de reins et se dégagea de la congère. Tout de suite, Marco se rendit à l'évidence: elle ne posait pas sa patte arrière, la tenant un peu repliée, préférant progresser sur trois pattes, dans une démarche irrégulière et maladroite. Marco sentit son cœur se serrer... visiblement la blessure était importante...
Un frisson glacé lui parcourut le dos... Il se souvenait de ce que lui avait dit papi:
«Fiston tu vois, le point faible chez les chevaux, ce sont les pattes, c'est extrêmement fragile, une patte de cheval...»
Que faire maintenant? La nuit était pratiquement tombée. Marco jeta un coup d'œil tout autour de lui. Il ne voyait pratiquement plus rien, tout étais gris. Il pensa qu'il valait mieux essayer de s'abriter sous les branches tombantes des sapins... Comment retrouver son chemin

dans ce pâturage, dans la nuit, la neige, et avec un cheval blessé qui avançait difficilement?
Lentement, en encourageant Perle de la voix, il se dirigea vers le rideau d'arbres.
Alors qu'il s'en approchait, il lui sembla deviner une forme sombre, qui ressemblait à une cabane. Il continua dans cette direction. C'était une cabane en effet, ou plutôt, «une loge» comme disaient les gens de la région. Une petite maison de planches, qui servait à abriter les troupeaux en estivage dans le pâturage.
Marco poussa la porte qui grinça un peu sur ses gonds. Une odeur de paille pourrie le saisit à la gorge. Peu importait, il tira encore une fois sur la bride, Perle entra elle aussi, en reniflant.
Dans la pénombre, à tâtons pratiquement, Marco fit l'inventaire des lieux. Outre la porte, il n'y avait qu'une ouverture, sur le côté. Une fenêtre, qui en guise de vitrage, n'avait qu'une toile de jute déchirée, maintenue par des clous. Le vent passait à travers et tournoyait en sifflant à l'intérieur. Vers le fond, il y avait un tas de vieille paille; il s'y assit. Perle s'approcha en reniflant, gratta un peu le sol de la patte avant, puis, avec un petit hennissement plaintif, se coucha là.
Ce n'était pas bon signe... D'ordinaire, Perle ne se couchait pas souvent. En fait il ne l'avait encore jamais vue dans cette position auparavant; la plupart du temps, elle se contentait de somnoler debout...
Que pouvait-il faire sinon passer la nuit là? Ses mains lui faisaient mal, il était trempé, mais il n'en avait rien à faire, il avait bien autre chose à penser: comment allait-il pouvoir ramener Perle à la ferme? Et si cette blessure était vraiment grave, comme il le craignait? Qu'allaient dire Philippe, et son père ?... Marco appuya sa tête sur ses genoux...
Le vent semblait souffler de plus en plus fort, faisant gémir la toiture fragile de la cabane, dans un bruit sinistre. La nuit était tombée et il neigeait toujours...

Chapitre XV

Nuit blanche

– Allô? Gilbert? Oui, ici Didier Wieler, dis-moi, j'ai un des amis de Philippe, qui est parti du côté de chez toi, il y a environ une heure et demie, avec Perle, tu ne l'aurais pas aperçu?
- …
– Bon, merci quand même, au revoir…
Didier raccrocha, l'air préoccupé…
– Il n'est pas non plus chez lui? demanda Michèle.
Didier secoua la tête, il avait appelé tous les voisins, habitant dans la colline et dans la forêt, de l'autre côté du lac, là où Marco était susceptible d'être passé avec Perle. Personne ne les avait vus.
Philippe, appuyé contre l'embrasure de la fenêtre, regardait dehors. Son père avait allumé la lampe extérieure pour aider Marco, le cas échéant, à retrouver son chemin. Mais il n'y avait aucun cheval en vue; seuls les flocons de neige brillaient dans la lumière.
Il n'était pas tranquille, un peu secoué aussi, car Didier, devant la tournure des événements, lui avait finalement raconté, en privé, tout ce qui était arrivé à Marco. La mort de son père, sa fugue, ce qui expliquait probablement sa nouvelle fuite.
– Mais enfin, faites quelque chose! Je ne sais pas moi, organisez une battue!
Robert, énervé, ne tenait pas en place, et invectivait tout le monde, depuis la disparition de Marco.
Philippe lui lança un regard noir. Il n'aimait pas du tout cet homme et c'était de sa faute si Marco était parti avec Perle.
Didier poussa un soupir excédé:

– Ecoutez Monsieur Gantien, il fait nuit, il neige, la visibilité est nulle; nous ne savons pas exactement quelle direction a pris votre neveu, aussi nous ne pouvons pas faire beaucoup plus pour l'instant!
– Mais enfin, s'il lui est arrivé quelque chose! Si votre cheval l'a fait tomber dans un précipice, hein?
Voyant que son fils était à bout de patience, papi intervint à son tour:
– Monsieur, j'aimerais vous dire plusieurs choses. La première, c'est que Perle est une jument très douce et qu'elle n'est pas du tout le genre à se débarrasser de son cavalier; sinon, nous n'aurions pas laissé votre neveu la monter ainsi. D'autre part, même si cela s'était produit, elle connaît extrêmement bien la région et nous l'aurions sûrement déjà vu revenir à bride abattue... non, il est probable que la nuit les a surpris, quelque part dans la forêt, et qu'ils ont trouvé refuge dans une loge, on les verra revenir demain matin...
– C'est ce que je pense aussi, intervint fermement Didier; aussi je suggère que vous preniez vos dispositions pour la nuit. Il y a un hôtel très correct au village. Vous pouvez y aller de ma part, et demain nous...
Des coups frappés à la porte d'entrée interrompirent sa phrase.
– Sûrement quelqu'un qui nous les ramène! Lança Michèle en allant ouvrir la porte.
– Alain? Ça alors, qu'elle surprise, entrez! Regardez qui nous arrive, enchaîna-t-elle, décidément, c'est la France qui nous débarque en force aujourd'hui...
Elle s'interrompit, en voyant la réaction étonnante de Robert Gantien à l'arrivée d'Alain et des deux hommes qui l'accompagnaient: il avait pâli et ses yeux exorbités témoignaient d'une intense surprise. Il restait la bouche ouverte, statufié!
– Salut Robert, on dirait que tu ne t'attendais pas à me voir ici, hein? dit l'un des hommes, eh bien, non tu vois, je ne suis pas mort, je suis bien en vie; alors tu vas me faire le plaisir de reprendre la route, et de laisser Marco tranquille!
Un grand silence se fit... Tout le monde était interdit. Didier et sa famille ne comprenant pas vraiment le sens des propos échangés. Alain décida de clarifier la situation:

– Je vous présente le père de Marco, Flavio Messina, qui, comme vous le constatez, n'est pas mort du tout… heureusement d'ailleurs, il y a eu confusion; et avec nous il y a aussi le père de Damien, Patrick Santonny.
– Enchanté, répondit Didier plutôt ahuri, en leur tendant une main chaleureuse.
Philippe n'en revenait pas: il apprenait que le père de Marco était mort… Et une heure plus tard, il débarquait chez lui, en pleine forme… Décidément c'était une histoire de fous!
– Où est Marco? demanda Flavio. Depuis des mois, j'attends le moment de le prendre dans mes bras! Alors, où est-il?
Robert, un peu revenu du choc, tenta un geste vers la sortie…
Flavio pressentit un problème.
– Où est-ce que tu vas? dit-il en attrapant son beau-frère par le bras, et sans le lâcher il répéta sa question:
– Mais dites-moi, où est Marco?
– Eh bien, nous ne le savons pas… expliqua Didier, il est parti, il y a environ deux heures avec notre jument…
– A cheval, dans la nuit?
– C'est à cause de lui, intervint Philippe qui n'y tenait plus, en montrant Robert d'un doigt accusateur; c'est lui qui l'a fait partir, il voulait le ramener en France, mais Marco, lui, voulait rester ici, avec nous!
– Espèce d'ordure! Çane te suffit pas de mener une vie impossible à ma sœur, en plus il a fallut encore que tu poursuives Marco, jusqu'ici hein? Disparais, tu entends? Prends tes affaires et fiche le camp, avant que je ne t'aplatisse sur place! Tu as compris? Disparais!
Robert ne se le fit pas répéter deux fois; sans même prendre le temps de saluer les Wieler, il prit la porte et disparut; on entendit sa voiture démarrer en trombe.
Flavio se passa la main sur le visage… Il était blême de colère!
– Excusez-moi, de vous avoir imposé une telle scène, ajouta-t-il, je… je n'ai pas pu supporter davantage ce sale type!
Michèle eut un geste apaisant:
– Nous comprenons, vous avez traversé des moments sûrement très

difficiles… est-ce que je peux vous offrir un café, quelque chose?
– Non, merci! Dites-moi seulement, Marco…
– Comme l'a dit mon fils Philippe, il est parti en catastrophe à cause de votre beau-frère, je suppose qu'il a dû le voir arriver, et manifestement ça ne lui plaisait pas du tout… Un voisin nous a dit qu'il l'avait vu partir en trombe avec la jument… nous ne savons pas exactement où il est allé, il a dû être surpris par la nuit et il aura trouvé refuge dans une grange… Nous le verrons revenir demain matin…
Didier se voulait rassurant.
– Mais, il ne connaît pas la région, s'il se perd?
– Ne vous inquiétez pas, dit papi, la jument elle, la connaît pour deux. Et la neige est trop haute pour qu'il soit passé à travers bois; il a obligatoirement suivi un chemin qui a été dégagé, ou du moins emprunté par des tracteurs et qui mène à une ferme ou une grange, je vous assure!… Il reviendra demain; vous savez, il y a encore des fermes isolées qui n'ont pas le téléphone!

❖

Tout le monde s'était rassemblé autour de la cheminée pour boire le café après le repas que Didier avait proposé aux visiteurs de partager, en toute simplicité:
– Restez, et mangez avec nous. Qui sait, nous aurons peut-être des nouvelles, ce soir ou dans la nuit… Ma femme va vous préparer des lits…
Flavio avait accepté, mais Alain, lui devait rentrer le soir même, il avait un engagement pour le lendemain tôt. Il reprit donc la route et Patrick avec lui. Après avoir récupéré sa voiture au garage le lendemain, il reviendrait chercher Flavio et… Marco…
Le repas avait été bien silencieux, personne n'avait beaucoup d'appétit…

La gendarmerie avait été prévenue, mais elle aussi était d'avis qu'il valait mieux attendre une améliorations des conditions météorologiques. S'il n'y avait aucune nouvelles de Marco et de la jument dans la journée du lendemain, alors on organiserait des recherches.

– Je ne voudrais pas être indiscret, dit Didier à Flavio, mais comment est-ce qu'on a pu vous croire mort?
– Oh, c'est une longue histoire; en fait c'est surtout à cause de mes papiers…
Tout à coup, il fut interrompu par Alicia qui arriva en pleurant à chaudes larmes.. pour se jeter dans les bras de sa mère:
– Ma chérie, qu'est-ce qui t'arrive, tu as mal? Tu n'arrives pas à dormir?
– Je… je… (Alicia hoquetait tellement, qu'elle n'arrivait même pas à s'exprimer), pour… pourquoi… il est parti Marco, je…je veux qu'il revienne…avec Perle!…
– Ma petite chérie, ne t'inquiète pas, ils vont revenir tous les deux, cette nuit ou demain…
– Dis maman… est-ce que Jésus il le sait lui, où ils sont?
– Bien sur ma chérie, Jésus connaît tout, et là où Marco et Perle sont allés, il les voit!…
– Maman… je voudrais que tu pries… pour qu'il les fasse revenir vite! Tu veux bien?
– Bien sûr que je veux, on va prier tous ensemble, et puis tu retourneras te coucher, d'accord?
Michèle se mit à prier, avec des mots tout simples; elle demanda la protection de Dieu sur Marco et sur Perle, puis elle termina par un «amen» plein de confiance. Auquel tous firent écho, sauf Flavio… qui regardait la scène, un peu sidéré, mais touché par l'émotion de la petite…
Alicia, rassérénée par la prière de sa mère, repartit dans sa chambre, après un gros câlin.
– Est-ce que vous êtes croyant? demanda Didier.
Flavio sursauta:

– Moi? Non, enfin… un peu…
La question l'avait saisi de plein fouet… Décidément, il ne pouvait plus faire trois pas sans tomber sur des gens qui ne voyaient la vie que par l'optique de la religion!
Sentant son malaise, Didier n'insista pas.
– Bon, je vais vous prier de m'excuser, mais je vais me coucher, je dois prendre mon tour de travail à deux heures du matin, avec le chasse-neige, alors il me faut un peu de repos auparavant…
– Je crois que je vais faire de même, dit Flavio.
Après s'être souhaité mutuellement une bonne nuit, chacun se dirigea vers sa chambre.

❖

Flavio ne trouvait pas le sommeil; il se tournait, et se retournait dans son lit.Trop de choses bouillonnaient en lui.
Durant tout le trajet entre Caluire et la Suisse, il n'avait cessé d'imaginer ses retrouvailles avec son fils, leur bonheur, après tant de moments difficiles… Et voilà que rien n'était résolu… C'était une histoire sans fin, où chaque fois que l'un des deux était au rendez-vous, l'autre avait disparu… Quand est-ce que tout cela allait s'arrêter?
Depuis quatre jours, il avait vécu tant d'émotions fortes et contradictoires qu'il lui semblait que son cerveau allait exploser!… Sa mémoire retrouvée presque en totalité ne l'avait pas apaisé, contrairement à ce qu'il avait imaginé. D'un côté, c'était quelque chose de merveilleux, mais d'un autre, douloureux. Car en même temps que la mémoire, il avait retrouvé ses vieux souvenirs, ses souffrances…
Et puis, il y avait Typhaine… son sourire et ses boucles rousses, ses yeux rieurs… La quitter lui avait coûté…
Elle l'avait accompagné jusqu'à l'aéroport, s'assurant qu'il avait tous ses papiers bien en règle, pour prendre le départ du vol sanitaire qui le rapatriait, en compagnie de deux autres blessés…

– Et bien voilà, lui avait-elle dit, en bas de la passerelle, je suis heureuse de te voir repartir, en pleine possession de tes moyens…
Sans même réfléchir, instinctivement, il avait lâché:
– Il faudra que tu viennes en France, je veux te revoir!
Typhaine l'avait regardé droit dans les yeux, elle avait souri…
Comme gêné de sa spontanéité, il avait ajouté:
– C'est vrai, tu m'as sauvé la vie, ce n'est pas rien… et maintenant, tu vas repartir plus loin, en sauver d'autres…
– Ecoute, j'ai quelques jours de relâche, entre la fin de ma mission ici, et le départ de celle de Roumanie, c'est un peu court, pour repartir au Canada; donc, je pensais rester à Paris, chez une amie. A mon avis, ça peut très bien se faire, et c'est vrai que cela me ferais plaisir, de passer te voir, connaître ta famille, ton fils.
Ils avaient échangé leurs adresses, une embrassade amicale, et puis, ça avait été le départ.
Quand l'avion s'était arraché au sol de l'Arabie saoudite, Flavio n'avait pas ressenti que du soulagement; en fait, même s'il ne tenait pas trop à se l'avouer, il avait le cœur un peu lourd…
A plusieurs reprises, il avait regardé, dans son portefeuille, la photo, prise dans les petites rues de Riad, celle où Typhaine posait près de la fontaine…
Depuis toutes ces années, c'était la première fois qu'il était attiré par une femme. A la mort d'Héléna, il s'était juré qu'elle resterait la seule, l'amour de sa vie; il avait gardé et chêri son souvenir…
Et maintenant il se retrouvait coupé en deux… Comme s'il y avait en lui Flavio, avec ses souvenirs, sa solitude, et ses regrets et de l'autre, Théo, à qui une jeune femme médecin avait su redonner envie de vivre, plus même, envie d'aimer…
Et puis, il y avait le petit livre bleu. Flavio avait eu envie de le laisser là, dans la petite chambre d'Al-Qaysumah, pour ne rien emporter de cette période difficile… mais Théo, lui, avait eu envie de l'emporter; parce qu'au fil des jours, alors qu'il le parcourait, à la recherche de souvenirs perdus, il s'était attaché à ces récits de l'Evangile, pleins d'espérance, de miracles… ils avaient adouci ses jours, et réconforté ses

nuits… Mais Flavio ne croyait pas aux miracles! Flavio ne connaissait que sa révolte et sa peine…
1heures30… Il décida de se lever pour aller boire un peu.
Il y avait de la lumière à la cuisine, alors il se dirigea de ce côté.
– Vous ne dormez pas? dit Didier, tout en se servant un café, vous en voulez?
– Au point où j'en suis… pourquoi pas? Vous non plus, vous ne dormez pas?
– Je pars travailler. Le chasse-neige. le temps c'est calmé, il faut que tout le réseau routier soit déblayé avant le lever du jour… Vous êtes inquiet?
– Oui, un peu… mais il n'y a pas que cela…
Il sirotèrent leur café, en silence, à petite gorgées.
Au mur, une petite pendule de bois égrenait les secondes, paisiblement.
– Je comprends que Marco se plaise ici, avec vous…
Didier sourit .
– C'est un gentil garçon, attachant. Si vous l'aviez vu, le premier jour où je l'ai laissé monter Perle, il était fier, et heureux… C'est une des seules fois ou je l'ai vu avec un tel sourire…
– C'est ma faute, s'il a tant souffert… Il ne voulait pas que je parte au Koweit, j'aurais bien dû l'écouter…
– Ça a dû être dur, là-bas…
Flavio se lança, raconta pêle-mêle, le Koweit, le camp, son amnésie, Typhaine…
– Et comment est-ce que la mémoire vous est revenue?
– Ça a commencé en lisant la Bible…
– Pardon?
– Oui, Typhaine, la jeune femme médecin qui m'a trouvé, m'en a prêté une, et en lisant le récit de la Nativité, je me suis rappelé de quelques bribes de mon enfance…
– Ça alors! Ce n'est pas banal! Qu'on vienne me dire que la Bible n'est pas un livre extraordinaire! Après une pareille expérience, vous devez en être convaincu aussi, non?

– Oh, vous savez, moi… je suis catholique, mais plus pratiquant…
– Pourquoi?
– Pourquoi? Parce que si Dieu existe, alors il aurait dû créer un monde moins moche!…
– Dieu n'a pas créé un monde moche, il l'a créé parfait, c'est l'homme qui n'a pas su le garder parfait…
– Mais s'il est tout-puissant, comme on nous le rabâche dans les oreilles, au catéchisme, pourquoi est-ce qu'il n'a pas empêché l'homme de tout gâcher, alors?
– Est-ce que vous vous êtes déjà posé la question de savoir pourquoi Dieu a créé la terre et l'homme?
– Oui, et vous savez ce que je pense? Qu'il devait s'ennuyer, et n'avait rien d'autre à faire ce jour là! Et bien si vous voulez mon avis, il aurait mieux fait de s'abstenir!
– Je ne crois pas; si Dieu s'est donné la peine de créer l'homme, c'est parce qu'il voulait partager une relation avec lui, une relation profonde, d'amour et de respect… et de liberté… Est-ce que vous avez déjà envisagé que Dieu désirait avoir une relation avec vous, comme un ami, l'ami le plus proche? Si vous me permettez de vous dire ce que je pense, au travers de tout ce que vous m'avez raconté, pour moi il est évident que Dieu vous cherche. Si vous avez commencé à retrouver votre mémoire au travers de sa Parole, la Bible, ce n'est pas un hasard, c'est plutôt un signe… Dieu cherche à se révéler à vous, pour vous faire comprendre qu'il a un réel intérêt pour vous, Flavio. Mais une telle relation, d'estime et d'affection, ça ne se force pas, ça ne se bâtit pas à contrecœur… Aujourd'hui, Dieu frappe à votre porte, pourtant, il vous laisse tout à fait le choix, d'accepter que cette relation débute, ou de la refuser, d'y croire, ou de ne pas y croire… vous êtes maître de votre destin, tout comme l'étaient Adam et Eve en Eden… Eux ont fait un mauvais choix… Rien ne vous oblige à faire de même!
Didier se leva, débarrassa les tasses.
– Bon, il faut que je vous laisse, ajouta-t-il, c'est l'heure de prendre le volant… Je vous souhaite une bonne fin de nuit, à tout à l'heure!
Doucement la porte se referma derrière lui; au mur, la pendule conti-

nuait son tic-tac régulier... pensif, Flavio regagna son lit, et finalement, s'endormit.

❖

C'est la faim, et le froid qui réveillèrent Marco. Il ouvrit les yeux un peu hébété...
Puis il se souvint: Perle! La blessure... Inquiet, il tendit la main dans l'obscurité, et senti sous ses doigts gourds, le pelage lisse et chaud, qui frissonna à son contact.
– Perle, ça va?
Sa respiration était régulière, quoique un peu plus rapide qu'à l'accoutumée... ce n'était peut-être qu'une impression... quelle heure pouvait-il être? Est-ce que c'était le matin? De la lumière passait timidement à travers la toile de jute de la fenêtre. Marco se leva, péniblement, le corps tout endolori et se dirigea vers la lumière.
Ce n'était pas le jour, mais un superbe clair de lune. Il ne neigeait plus. Le ciel était dégagé et de ce fait l'air beaucoup plus vif. Marco sentit les poils à l'intérieur de son nez se givrer, alors qu'il prenait une inspiration. Il devait faire au moins 10 degrés en dessous de zéro!...
Il se retourna pour voir Perle, toujours couchée au fond de la loge. Secouée par la lumière parvenant jusqu'à elle et par l'air vif pénétrant par l'ouverture, elle se leva, apparemment sans trop de difficultés. Cependant, elle ne posait toujours pas sa patte arrière. Marco, après avoir coincé la jute de manière à avoir de la lumière, s'approcha d'elle.
Ce n'était pas beau. Sous le ventre, il y avait de nombreuses écorchures. Mais ce qui impressionna Marco, c'était le jarret: il avait pratiquement doublé de volume! Tuméfié, écorché, à l'intérieur de la cuisse... De plus, en lui caressant les naseaux, Marco se rendit compte qu'ils étaient beaucoup plus chauds que d'habitude, alors que ses oreilles, elles, étaient glacées... Il essaya de la faire bouger, mais la jument restait figée, immobile, avec sa patte repliée en l'air...

Il lui enleva la selle, ce qu'il n'avait même pas pensé faire quelques heures plus tôt, en pénétrant dans l'abri. Il lui laissa la couverture qui était dessous.
Ça, il était vraiment le dernier des cavaliers… Et pour une fois que quelqu'un lui faisait confiance, il avait tout gâché… encore pire qu'avec Damien. En tous les cas, il fallait faire quelque chose, et vite..
Sa décision était prise, puisque Perle ne pouvait se déplacer, il irait chercher du secours seul. Avec un pareil clair de lune, il n'avait pas besoin d'attendre le lever du jour!
Après une dernière caresse sur le doux museau, Marco, refermant jusqu'en haut son blouson et rajustant son écharpe pour couvrir son nez, se décida à ouvrir la porte. Une épaisse couche de neige était tombée en quelques heures; on ne voyait même plus les traces qu'ils avaient fait en arrivant à la loge. Refermant soigneusement la porte derrière lui pour éviter que le froid ne pénètre davantage dans la cabane. Marco reprit en sens inverse la route de l'après midi. Il parvint sans trop de mal à rejoindre le chantier des bûcherons. Mais de quel côté se diriger ensuite? Il y avait de nombreuses traces dans la neige, faites par les tracteurs qui avaient ramené les troncs a cet endroit. Quel chemin était le bon? Perplexe, Il s'arrêta contre une pile de bois, essayant de se souvenir par quel côté il était arrivé avec Perle. Peine perdue… Tous ces grands sapins semblaient identiques, leurs lourdes branches ployant vers le bas, sous le poids de la neige…
Tout à coup, Marco entendit du bruit sous les branches sur la gauche. Il sursauta, mais se raisonna:
«Que je suis stupide, c'est sûrement un renard, ou un lapin… pas de quoi avoir peur…»
A nouveau le bruit se fit entendre, et, dans le clair de lune, Marco vit jaillir trois biches, qui un instant se figèrent et le fixèrent de leur grands yeux sombres, puis, par bonds gracieux, disparurent entre les arbres.
Cela rappela soudain à Marco cette image, qui l'avait frappé quand il était allé à l'église avec les Wieler, une petite biche blessée qu'un homme tenait dans ses bras, avec cette phrase: «Je ne te délaisserai pas, je ne t'abandonnerai pas…»

Alors, sans réfléchir, simplement avec son cœur, laissant percer toute son inquiétude, il pria:
«Dieu, je ne sais pas si tu m'entends, mais si tu peux faire quelque chose, alors guide moi, vite, il faut que je trouve du secours pour Perle, je sais que c'est ma faute, mais s'il te plaît, elle n'y est pour rien, et Philippe non plus… Si jamais… Les mots s'étranglèrent dans sa gorge… Si jamais on ne pouvait pas la guérir… il faut que je retrouve mon chemin!»
Seul le silence de la forêt lui répondit… Pourtant, il se sentit mieux tout à coup, une drôle de chaleur envahit sa poitrine…
Il décida d'aller vers la droite, dans la direction où étaient parties les biches.

Un long moment, il marcha dans les ornières des tracteurs, de la neige jusqu'à la hauteur des genoux. Les mains dans les poches pour essayer de ne pas trop souffrir du froid. Il avait enlevé ses gants, la veille, en essayant de dégager Perle et il avait oublié ensuite de les reprendre.
A plusieurs reprises, il trébucha et s'étala dans la poudreuse.
«Il faut que je continue, pensait-il, il faut que j'y arrive, ce chemin mène bien quelque part…»
Il se sentait comme engourdi, avançant comme un automate, un pas après l'autre…
Des images se bousculaient dans sa tête: Perle, blessée, cheminant sur trois pattes dans la neige… puis Tina, Tina qui l'appelait…
Tout à coup, il se retrouva en haut d'une pente. En contrebas, ce n'était plus la forêt, non, mais… la route!
«Comment est-ce que c'est possible?» pensa-t-il, c'est une route goudronnée, il y a les piquets à bouts orange que pose la voirie pour guider le chasse-neige. Mais alors où est le lac? A moins… oui c'est ça, j'ai dû partir à l'opposé du lac, je suis sûr l'autre versant de la colline, à 10 ou 15 kilomètres de chez Philippe! C'est pas vrai! Je suis paumé, en pleine nuit, et je me suis éloigné au lieu de me rapprocher!
La lune éclairait toujours de sa lumière blafarde le paysage glacial. Marco estima qu'il devait être 3 ou 4 heures du matin, il y avait bien

peu de chance qu'une voiture emprunte cette route à pareille heure... De quel côté partir maintenant? A droite? A gauche? Sa tête bourdonnait, il n'avait rien mangé depuis midi, par moments, sa vue se brouillait.
«Il faut que je tienne!» ne cessait-il de se répéter, et il reprit sa marche sur le bord de la route, au hasard.

De toute manière, il était perdu.

Chapitre XVI

Enfin l'aurore

Didier alluma l'auto-radio, et entrouvrit la fenêtre, malgré la température glaciale de l'extérieur. Le manque de sommeil commençait à se faire sentir… Et puis, il avait toujours un coup de pompe, vers 4 heures…
Le circuit lui avait semblé long cette nuit, d'autant plus qu'il était seul; le collègue qui devait l'accompagner était cloué au lit, avec une mauvaise grippe. Décidément, il y avait des jours… ou plutôt des nuits, ou rien ne semblait aller dans le sens de la facilité. Sans parler de la fugue de Marco et de Perle, pourvu qu'on les retrouve en bonne santé…
Il se passa la main sur le visage; à la longue, l'uniformité de la route et le reflet des phares dans la neige fatiguaient ses yeux…
– Mince! Qu'est-ce que… Mais… Bon sang! C'est Marco!
Didier fila un tel coup de «patin» que le camion chasse-neige, se mit en travers de la route.
Marco n'avait pas bougé. Immobile au milieu de la route, le visage hagard dans la lumière des phares, les boucles noires de ses cheveux blanchies de neige givrée. Didier sauta en bas de la cabine, et courut vers lui.
– Marco! Tu vas bien?
Au son de sa voix, Marco tressaillit, son regard devint encore plus angoissé:
– Monsieur Wieler, c'est vous? Vite! Perle, elle est blessée, il faut aller la chercher tout de suite, par là, venez…
Marco montra d'un geste la direction d'où il arrivait.
– C'est le fil de fer barbelé, je ne l'ai pas vu, à cause de la neige, je ne savais pas… Il faut aller la chercher vite, elle ne pose plus la patte!

– Viens, d'abord te mettre au chaud, et puis tu m'expliqueras tout cela, allez viens, calme-toi.
Marco s'était agrippé à lui, tout en tentant de lui expliquer ce qui s'était passé. Didier le guida, presque le porta, jusqu'à la cabine du camion et l'y installa confortablement.
– Voyons, tu n'as rien?
– Non, non, je vais bien… c'est Perle…
– Qu'est-ce qu'elle a, Perle, explique-moi encore une fois, tu me dis qu'elle s'est blessée?
– C'est ma faute, dans la forêt, sa patte s'est prise dans le barbelé, je l'ai dégagée, mais elle ne veut plus avancer, elle a les naseaux brûlants… je l'ai laissée dans la loge… je voulais… Marco se sentit soudain la tête lourde, et puis il faisait si chaud dans ce camion… dans un dernier effort, il ajouta:
– Je voulais trouver… du secours…

❖

– Comment va-t-il Docteur?
Le médecin regarda Didier par dessus ses lunettes, les deux hommes se connaissaient de longue date:
– Il va bien, rien de trop grave; il va souffrir d'engelures aux pieds et il a des écorchures plein les mains. A part ça, je pense que tout va bien, mais disons que je ne serai pas surpris s'il attrape un gros rhume. Son évanouissement était sûrement dû au brutal changement de température, quand vous l'avez mis dans le camion. Et puis la fatigue aussi, il a marché longtemps dans ce froid?
– Je ne sais pas trop, je crois, d'après ce qu'il m'a dit qu'il a fait plusieurs kilomètres à travers la forêt…

– Eh bien, c'est du courage, ou alors un drôle d'instinct de survie… En tout cas, il est heureux que vous l'ayez trouvé, mouillé comme il était, en état d'hypothermie, il n'aurait sûrement pas tenu encore longtemps…
– Bon, Docteur, je le laisse à vos soins, nous viendrons le rechercher dans la matinée?
– Oui, très bien, là il dort, et je crois qu'il en a bien besoin, je lui ai administré un calmant.
Didier se hâta de reprendre la route, il fallait ramener le chasse-neige au dépôt, prendre sa voiture, et aller réveiller un ou deux voisins, pour partir à plusieurs tracteurs, en forêt, récupérer la jument.
Il était 6h 30, la lune avait perdu de sa lumière, mais il y avait encore une bonne heure avant le lever du jour.
Garant sa voiture à la va vite devant la maison, Didier alla directement réveiller sa femme pour la mettre au courant. Puis il réveilla Flavio, et le rassura sur l'état de santé de Marco.
– Chérie, appelle le vétérinaire et dit lui de nous rejoindre au chemin d'en haut, d'après ce que j'ai compris, il a laissé la jument dans la loge des Sauviers. Moi je vais réveiller le voisin, il passera devant, avec le tracteur et la souffleuse, pour déblayer le passage. Moi, je suivrai derrière, avec le van.
Philippe, que le remue-ménage avait réveillé et qui avait entendu les dernières paroles de son père, intervint:
– Papa, laisse-moi venir avec toi! Qu'est-ce qu'elle a, Perle? Et Marco?
– Marco va bien, il est chez le docteur Lemercier. Quant à Perle, elle s'est blessée avec du barbelé, mais je ne crois pas que ce soit très prudent que tu m'accompagnes, ta jambe est à peine guérie…
– Papa, s'il te plaît… je resterai avec Perle dans le van, je ne risquerai rien…
– Bon… d'accord, c'est vrai que ta présence ne peut pas lui faire de mal, la pauvre… allez, on y va.
– Je viens aussi, intervint Flavio.
– C'est gentil à vous, mais je n'ai pas la place de vous emmener; c'est un tracteur, ce n'est pas prévu pour transporter plusieurs personnes…

Ils partirent dans un nuage de fumée bleue dégagée par les tracteurs, étrange équipage de secours, ronflant dans les premières lueurs de l'aube.

❖

Marco ouvrit les yeux et vit un plafond blanc. Surpris, il tourna la tête. Cet endroit lui était inconnu. Il faisait jour, et beau, à en juger par le rayon de soleil passant à travers le store.
Au même moment, une porte s'ouvrit et une jeune femme en blouse blanche entra.
– Bonjour! C'est toi Marco? Moi c'est Brigitte. Comment te sens -tu?
– Ça va, j'ai un peu mal partout… où est-ce que je suis? à l'hôpital?
– Non tu es au cabinet du Dr Lemercier, je suis la secrétaire médicale. M. Wieler a dit qu'il passerait te prendre dans la matinée. Est-ce que tu veux manger quelque chose?
– Non, je… je ne sais pas… Quelle heure est-il?
– 10h15… Tu ne veux pas du café au lait ou du chocolat?
Brigitte insistait..
– Du chocolat alors…
Brigitte ressortit.
«Et Perle? pensa Marco, est-ce qu'ils ont pu aller la chercher…»
Il lui fallut bien prendre son mal en patience pour avoir la réponse, et dans l'intervalle, il avala quand même sans problème un bol de chocolat bien chaud et des croissants.

Il se passa encore une bonne heure, puis la porte s'ouvrit… et Philippe entra.
Marco avala sa salive, ne sachant que dire…
– Perle?
– On est allé la chercher, le vétérinaire s'en occupe. Il a dit qu'un tendon a été très amoché, elle a beaucoup d'écorchures superficielles aus-

si… ce ne sera pas forcément grave… Il est en train de la recoudre. On est allé la chercher avec deux tracteurs, un pour déblayer la neige et un qui tirait le van. Il a fallu déblayer l'entrée à la pelle et puis l'aider à monter dans le van. Le vétérinaire lui a fait une piqûre tout de suite, pour qu'elle n'ait pas trop mal…

– Je suis désolé, je ne voulais pas… Est-ce que… tu as prié pour elle?
Philippe le regarda, pour voir s'il était sérieux, ou s'il cherchait à se moquer de lui. Marco continua…
– Je… j'ai pensé… si ta jambe a été vraiment guérie, alors est-ce qu'il ne pourrait pas guérir aussi Perle?
– Oui, j'ai prié, je n'ai même fait que cela tout le long… Tu crois aux miracles toi maintenant?
– Je ne sais pas… un peu… dans la forêt… j'étais perdu, et puis trois biches sont passées près de moi, alors, je me suis rappelé de l'image dans votre église, celle où il était écrit: «Je ne t'abandonnerai pas, je ne te délaisserai pas…»
– Le poster avec la petite biche?
– Alors, j'ai prié, pour qu'il me guide, et puis j'ai marché longtemps, et je me suis perdu… Je suis désolé, tu sais, je regrette… Je n'ai pas vu le fil de fer barbelé, il était enfoncé dans la neige…
– Tu sais ça arrive à tout le monde les accidents, je suis sûr que Perle va guérir. Et puis ça aurait pu être pire, tu aurais pu mourir de froid, je trouve que tu es drôlement courageux…Tu sais, papa m'a dit que le chemin que tu as pris est en fait le plus court pour sortir de la forêt…
– Tu ne m'en veux pas trop, alors?
– Au début, si, je ne comprenais pas, je te trouvais stupide d'être parti comme ça… Et puis papa m'a expliqué, pour ton père… Mais il y a une chose que tu ne sais pas!…
– Quoi?
– Dis-moi, qu'elle est la chose que tu voudrais le plus?
– Que Perle soit guérie…
– Non mais, à part ça…
Marco ne répondit pas tout de suite, son visage devint triste et las.

– Je voudrais… une famille, comme la tienne… Je voudrais que papa ne soit jamais parti au Koweit se faire tuer!
– Marco? Ton père ne s'est pas fait tuer…
– Qu'est-ce que tu racontes, j'ai sa bague dans ma poche, il ne s'en séparait jamais et…
La porte s'ouvrit, et Flavio apparut sur le seuil…
– Si, fiston, je m'en suis séparé, une seule fois… mais une fois de trop… sa voix était rauque par l'émotion contenue. Cela faisait un moment qu'il était derrière la porte, il avait laissé Philippe entrer, pour préparer un peu le terrain, mais là, il n'y tenait plus…
Marco ne dit pas un mot. Il fixait son père intensément, deux larmes roulèrent sur ses joues.
Flavio vint s'asseoir sur le lit, et du bout des doigts, il les essuya.
– C'est fini de pleurer, je suis revenu, et je te promets bien de ne plus jamais te laisser!
Marco se laissa aller dans ses bras .
Discrètement, Philippe se dirigea vers la porte, qu'il referma sans bruit derrière lui.

– Alors, fiston, ça va? Tu veux boire quelque chose?
Marco, confortablement installé sur une chaise-longue, dans la véranda, se remettait des fatigues et des émotions des dernières 24 heures.
– Non, merci p'pa.
Flavio prenant un siège, vint s'installer à côté de lui.
Le matin, avant de ramener Marco chez les Wieler, père et fils avaient longuement parlé. Flavio lui avait raconté ses neuf mois d'absence, il lui avait parlé d'Adsour, du fanatisme des Irakiens, de l'indifférence des Saoudiens, de Typhaine, rapidement, comme s'il avait peur de trop s'y attarder… Marco, lui, avait raconté les péripéties de la nuit… Sa

peur aussi d'être perdu, et comme pour lui-même, il avait ajouté:
– C'est drôle, dans la forêt j'avais peur, et puis j'ai prié, et après, je n'avais plus peur…
Cela leur avait fait tant de bien de parler. En fait, jamais ils n'avaient été si proches.
Flavio se décida à poser la question qui lui brûlait les lèvres:
– C'est à cause de Robert que tu t'es enfui de la maison?
– Oui… enfin, c'est parce qu'il m'a fait lire la lettre où on disait que tu étais mort, ça m'a rendu dingue… que tata ne me l'ait pas dit quand elle l'avait su… alors j'ai voulu partir, j'ai eu l'impression que si je partais ailleurs, si je ne les voyais plus… ça serait moins dur…
– C'est exactement ce que j'ai pensé quand ta mère est morte… c'est pour cela que je suis parti toutes ces années…
Un silence se fit. Mais c'était un silence de compréhension mutuelle, un silence paisible.
– Au fait Tina a appelé ce matin, je lui ai raconté ton équipée, elle en a été toute retournée, elle m'a dit de t'embrasser bien fort!
– Papa, tu sais… je lui ai volé de l'argent pour partir, je lui ai menti, et puis j'ai fait l'idiot aussi, les semaines avant, j'ai bu de l'alcool, j'ai même fumé de la drogue et… j'ai laissé tombé Damien…
– Ecoute bonhomme, s'il y a un responsable dans tout cela, c'est plus moi que toi, tu n'aurais rien fait de tout cela si j'avais été auprès de toi. En fait, toutes ces années, je n'ai pensé qu'à moi, alors ne sois pas trop sévère envers toi-même… et pour ce qui est de Tina et de Damien, je suis sûr que tout s'arrangera très vite.
Marco se sentit mieux, le cœur plus léger.
– Je crois que je vais dormir un peu, je suis fatigué.
– Comment vont tes engelures?
– Ça va, le docteur m'a donné des calmants… Je suis juste fatigué.
Marco ferma les yeux, le soleil d'hiver était doux à travers les vitres de la véranda. Il s'endormit tranquillement.
Un long moment, Flavio resta là, à le regarder.
Il avait grandi depuis son départ en mars, ce serait bientôt un jeune homme…

L'air toujours pensif, Flavio alla chercher sur son lit le petit livre bleu puis, s'installant confortablement au salon, il se mit à le feuilleter .
Au bout d'un moment, la porte s'ouvrit, et Didier entra.
Il s'assit dans un des fauteuil avec un soupir de soulagement
– Ouf! Quelle nuit et quelle journée! Je suis lessivé! J'arrive de chez le véto, bonne nouvelle: Perle a de fortes chances de s'en sortir, il va la garder encore en observation un ou deux jours, et puis on pourra la ramener.
– Marco va être soulagé, et Philippe aussi! Je voudrais vraiment vous remercier, pour tout ce que vous avez fait; je veux dire, vous et votre famille, pour Marco…
– C'était naturel, je vous assure…
– Et je voulais vous dire aussi que je suis désolé, pour la jument…
– Vous savez, la vie, c'est fait de haut et de bas, de jours de peine et de jours de joie… il vaut mieux se serrer les coudes, les accidents, ça arrive à tout le monde; et puis votre fils avait tellement de peine! Croyez-moi, les blessures de Perle ne pèsent pas bien lourd sur mon cœur, à côté de la joie de vous savoir réunis vous et Marco!
– Vous n'êtes pas des gens ordinaires… dit Flavio. Puis, après une légère hésitation, il ajouta: vous savez, j'ai beaucoup repensé à ce que vous m'avez dit sur Dieu, cette nuit, et cela m'a interpellé. Je reconnais que je n'ai jamais envisagé les choses de cette manière, je me suis rendu compte de tout le temps que j'ai perdu pour moi et pour mon fils, par égoïsme. Maintenant j'aimerais vivre… autrement… J'aimerais connaître cette relation dont vous m'avez parlé, bien que ça me semble impossible…
– Pourquoi, impossible? Par vous-même, vous ne pouvez pas, c'est certain, mais lorsque d'un cœur sincère, on reconnaît ses erreurs comme vous le faites, alors Dieu est prêt a intervenir dans votre vie, à consoler les souffrances. Mais il veut faire bien plus que cela, il veut vous donner l'espérance de l'Eternité, vous faire comprendre que la mort n'est qu'un passage qui s'ouvre sur un monde meilleur, auprès de Dieu le Père.
– Ma femme me parlait de cela quelques fois; elle disait qu'elle n'avait

pas peur de mourir, qu'elle savait qu'elle irait au Paradis… Dieu comptait beaucoup dans sa vie… Mais je ne voulais pas l'écouter… Je tournais toujours ces choses en plaisanteries..
– C'est souvent le cas, lorsqu'on a pas envie de se poser des questions qui nous gênent, mais Dieu désire tellement se faire connaître parce qu'il nous aime, qu'un jour ou l'autre, à un tournant de la vie, il nous attrape au passage, et je vous assure, ça en vaut la peine!

Flavio regardait le coucher du soleil depuis la fenêtre de sa chambre. En bas, dans la cuisine, il entendait Marco, Philippe et ses frères et sœurs jouer bruyamment à un jeu de société, il entendait aussi les bruits de la ferme, c'était l'heure de la traite. Il avait ressenti le besoin de s'isoler un peu, de faire le point. Finalement, il se mit à parler, à parler… à Dieu:
«J'ai bien envie de croire toutes ces choses, que Didier m'a dites, et j'aimerais connaître aussi cette joie, cette paix que je ressens chez lui, la même que Typhaine a aussi dans son regard, alors je vous prie, venez m'aider, je vous demande pardon de ma colère contre vous, au sujet d'Héléna, et j'espère, comme elle me l'a dit, qu'elle est auprès de vous, je désire devenir un homme nouveau, et jamais plus ne penser qu'à moi…»
Ne sachant que dire de plus, il se tut. Mais instantanément, il sut, il sut qu'il avait été entendu; tout d'abord, il ressentit comme une chaleur sur sa poitrine, un fourmillement sur tout son corps et, en même temps, un déclic dans son cœur, une chape de plomb, qui lui était enlevée… et soudain la paix… LA PAIX!

❖

– Voilà le poulet, dit Tina triomphante, en apportant sur la table un plat bien garni de viande rôtie appétissante.

Depuis deux jours, que Flavio et Marco étaient revenus ensemble de Suisse, elle était métamorphosée. Plus de lassitude sur son visage, ses yeux noirs brillaient de joie, un lifting n'aurait pas eu plus d'effet. Sans aucun doute ce serait aujourd'hui le plus beau Nouvel-An depuis bien longtemps. Seul Robert était absent, depuis leur retour, il jouait les courants d'airs…
Marco jeta un coup d'œil complice à Damien qui les avait rejoints pour la soirée avec ses parents.
– On va se régaler…
Les deux amis s'étaient retrouvés, dans tous les sens du terme. La coupure vécue dans leur amitié leur en avait mieux fait réaliser la valeur. Oh bien sûr, ils ne l'avaient pas formulé comme cela, mais un regard, et une tape sur l'épaule avaient suffi.
Marco lui avait raconté les péripéties de la nuit avec Perle… qui se remettait gentiment de sa blessure.
Mais la personne qui attirait l'attention et les regards, en cette dernière soirée de l'année, qui intriguait Marco, Damien, ses parents, sans parler de Tina, c'était… Typhaine!
C'est Marco qui avait pris l'appel téléphonique en début d'après-midi:
– Allô?
– Je suis bien au domicile de Flavio Messina?
– Oui..
– Est-ce qu'il est là? De la part de Typhaine Roy.
Lorsque Marco avait prononcé ce nom, la réaction de son père lui avait mis «la puce à l'oreille». Flavio avec un sourire rayonnant, s'était littéralement précipité sur le combiné du téléphone.
En raccrochant, il avait déclaré:
– Nous avons une invitée de plus pour le Réveillon Tina, ça ne t'ennuie pas? Elle restera deux jours, c'est la femme médecin dont je t'ai parlé, celle qui m'a trouvé et soigné…
– Elle est la bienvenue! Sans elle tu ne serais probablement pas là aujourd'hui! Mais comment va-t-on la faire dormir?
– Elle n'aura qu'a prendre ma chambre, avait dit Marco, et moi j'irai dormir chez Damien.

– Bonne idée, avait approuvé son père.
Une heure plus tard, Marco et Flavio étaient partis pour la gare, accueillir la jeune femme qui arrivait de Marseille en T.G.V.
Durant le trajet en voiture, Marco avait voulu en avoir le cœur net:
– C'est ta petite amie papa?
Flavio avait eu l'air pris de court par la question.
– Ma petite amie? Pourquoi est-ce que tu crois ça?
– Oh, comme ça…
– C'est quelqu'un… pour qui j'ai beaucoup d'estime et d'affection…!
Marco lui avait jeté un regard de côté… pas convaincu. Il y avait un léger tremblement dans la voix de son père, une chaleur inhabituelle; son impression n'avait fait que se renforcer, au moment où ils avaient accueilli la jeune femme.
Flavio était visiblement enchanté de la voir, et en même temps, il avait l'air gêné, emprunté, il n'était pas du tout comme d'habitude, en tous cas!
Il n'avait jamais vu son père agir comme cela avec une femme. D'ailleurs, il ne s'intéressait jamais aux femmes.
Et s'il décidait de refaire sa vie? C'était un problème auquel il n'avait même jamais pensé… Tout dépendait avec qui… En tout cas, il avait tout de suite trouvé Typhaine sympathique, elle était franche, enjouée, et en plus drôlement mignonne.
Alors, depuis, il ne les avait pas lâchés du regard, guettant un indice, quelque chose qui vienne confirmer son intuition.
– Il a du goût mon père, hein? avait -il glissé en douce à Damien.
– Tu crois qu'il… enfin, c'est sa copine?
– Il m'a dit que non, mais je ne l'ai pas cru!
Tina, elle, voyait cette arrivée d'un bon œil, et elle surveillait pour que son «invitée d'honneur» comme elle tenait à la nommer, ne manque de rien.
Le repas se déroula, dans la bonne humeur. Il fallut que Typhaine raconte en détails comment elle avait trouvé Flavio, expliquant avec humour qu'elle lui avait donné le nom de Théo, tant que sa vraie identité lui était restée inconnue.

– Au fait, avait-elle ajouté, tu as encore tous les vœux d'Adsour, il m'a appelé avant-hier, il repartait chez lui, il te fait dire qu'il t'attend, l'année prochaine, pour l'inauguration de son magasin de fruits et légumes à Rabat.
– Je vous signale, que l'année prochaine, c'est dans une minute! intervint Patrick.
– Déjà!
Personne n'avait vu passer le temps.
On entama le décompte:
– …5.…4.…3.…2…1… Bonne Année!

❖

Un vent froid soufflait sur la vallée du Rhône. Typhaine releva un peu le col de son manteau.
– Ça saisit, après la douceur du climat saoudien, commenta Flavio.
– Oh tu sais, au Canada, à cette époque, il fait jusqu'à 35° en dessous de zéro, mais c'est moins humide.
– Tu dois trouver la Saône minuscule à côté du St-Laurent…
Typhaine eut un léger rire…
– C'est un peu comme si tu comparais une voiture et un semi-remorque…
Depuis une demi-heure, Flavio et Typhaine, accompagnés de Damien et Marco, étaient sortis se balader, en cette première après-midi de l'année.
Tout naturellement, ils avaient pris la direction des bords de la Saône. Marco et Damien qui étaient partis en avant, s'amusaient à jeter des cailloux dans l'eau, à celui qui lancerait le plus loin.
Flavio les regardait, avec un plaisir évident.
– Il est très beau ton fils, vif et intelligent…
– Il a été très perturbé par tout ce qui s'est passé ces derniers mois.

– Bah, ça lui passera, maintenant…
– Ce qu'il lui faudrait, c'est une vie de famille équilibrée, ça manque une mère dans un foyer, une femme aussi…
Typhaine s'était arrêtée, regardant le fleuve agité de remous sombres, défiler devant elle. Avec un sourire mi-tendre mi-narquois, elle demanda:
– C'est une proposition que tu me fais?
Saisi par la vivacité de la réplique, Flavio resta interdit, puis il sourit:
– Et dans ce cas, quelle serait ta réponse?
Typhaine mordilla sa lèvre inférieure, elle avait l'air d'une fillette effrontée avec son petit visage entouré de boucles rousses que le vent agitait en tous sens, son nez retroussé, et ses taches de rousseur…
– Eh bien… Je dirais que tu y a mis le temps!

Damien et Marco étaient arrivé au grand pont; accoudés à la balustrade, ils regardaient l'eau passer à toute vitesse.
Marco se souvint de la dernière fois qu'il était venu ici. Combien les choses avaient changé depuis… Désormais tout était différent, pas seulement parce que son père était de retour, mais aussi parce que depuis sa fameuse nuit dans la forêt, il avait conscience qu'il ne serait plus le même, que les circonstances qu'il avait traversées l'avait changé. Et puis il avait aussi autre chose qui s'imposait dans son cœur, une impression un peu vague tout d'abord, qui, peu à peu prenait davantage d'évidence: il y avait de bonnes chances que Dieu existe bel et bien!…
Il en avait parlé le matin avec son père, en revenant de chez Damien, où il avait passé la nuit: il l'avait trouvé avec… une Bible à la main!…
– Tu lis la Bible maintenant?
– Oui, ça t'étonne?
– Avant tu ne le faisais pas…
– Il c'est passé beaucoup de choses depuis… Maintenant, je sais que j'avais tort d'en vouloir à Dieu, pour la mort de ta mère, et même, tu vois, j'ai la conviction qu'elle est auprès de lui maintenant. Et l'autre soir en Suisse, j'ai prié. Depuis, la souffrance que j'avais est partie… ça

doit te sembler étrange, mais je t'assure que je vis quelque chose qui fait du bien, je ne sais pas comment, mais je me sens différent…
Marco avait hoché la tête, il savait ce que son père voulait dire:
– Je sais papa, c'est pareil pour moi… Et après un moment, avec une légère hésitation, il avait sorti de sa poche la chevalière de son père:
– Tiens papa, je te la rends…
Flavio l'avait tenu un instant, regardant l'inscription d'un air songeur, puis, il la lui avait finalement rendue:
– Garde la fiston, je te la donne…
Ni l'un ni l'autre ne s'étaient aperçus que Typhaine, qui sortait de la chambre de Marco, avait assisté, sans le vouloir, à toute leur conversation.

Marco regarda en arrière, vers Typhaine et son père, ils s'étaient arrêtés au bord du chemin. L'espace d'un instant il lui sembla qu'ils se tenaient par la main… non, il avait dû rêver, ils repartaient, avançant tranquillement dans sa direction.

❖

C'était l'heure du départ pour Typhaine. Après deux jours passés en France. Elle devait rejoindre, à Paris, l'équipe avec laquelle elle irait en Roumanie pour trois mois.
Sur le quai, en compagnie de Flavio, Marco et Damien qui l'avaient accompagnée, elle attendait l'arrivée du T.G.V.
– Dans deux heures tu seras à Paris… dit Flavio l'air faussement enjoué.
Marco, donnant un coup de coude discret à Damien dit tout haut:
– On va acheter des chewing gums au kiosque p'pa.
Les deux ados partirent au pas de course.

– Pourquoi tu veux aller acheter des chewing-gums maintenant?
– Pour les laisser se dire au revoir, tiens, banane!
– Tu crois vraiment qu'ils sont amoureux?
– T'es bouché ou quoi? Qu'est-ce qu'on parie?
– Les chewing-gums.
– Tenu.

Le T.G.V. s'ébranla, puis, prenant de la vitesse il disparut au bout du quai.
Poussant un soupir discret, Flavio mit sa main sur l'épaule de son fils.
– Allez, les garçons, on rentre…
– Papa, elle reviendra?
– Oui, dans trois mois…
– Je l'aime bien Typhaine, elle est sympa.
– Ah, oui? Tant mieux… moi aussi…
– Ça j'ai remarqué, même que tu as du rouge à lèvres, là au coin de la bouche… ajouta-t-il moqueur, avec un clin d'œil entendu à l'adresse de Damien.
Comme son père ne disait rien, il ajouta:
– Tu vas te marier avec elle?
– Tu serais contre?
– Est-ce qu'elle fait bien la cuisine?
– Je pense que oui…
– Bon, alors ça marche, top-là!
Flavio secoua la tête, avec un sourire attendri:
– T'es un drôle de gaillard quand même!…
– Je suis ton fils…
Et Marco regardant Damien ajouta:
– Tu vois ce que je t'avais dit; allez, par ici les chewing-gums!
Tous trois se dirigèrent vers la sortie pour reprendre la voiture au parking.
Marco et Damien discutaient âprement:
– Mais je t'assure, disait Marco, j'en ai parlé avec Philippe en Suisse, et avec son papi; cette histoire de l'évolution, c'est de la pure invention,

regarde comme la nature est compliquée, et bien organisée, les abeilles qui pollinisent les fleurs tout en récoltant leur miel, tout ça... Non crois-moi, croire à cette théorie, c'est comme penser qu'on peut reformer une mosaïque de plusieurs milliers de petits cailloux en les lançant, tu crois qu'ils reprendraient chacun leur place? Et puis aussi regarde le système solaire, tu crois que le hasard pourrait organiser les choses avec une telle précision et...
Les portières claquèrent, la voiture démarra, et rapidement, s'enfonça dans la circulation dense...

Chapitre XVII

Epilogue

Une petite brume glacée était tombée sur la ville. Bien emmitouflés, Marco et Damien, cartables sur l'épaule, battaient la semelle, attendant le bus à la sortie du collège.
– Alors, c'est décidé? dit Marco, tu ne nous accompagnes pas chez Philippe? Il sera déçu…
Damien fit une grimace, l'air perplexe…
– Je serais bien venu, mais mes parents tiennent beaucoup à ce que je parte en congés avec eux à la neige, et comme on avait pas pu y aller pour les fêtes… Toi, par contre ça doit te faire drôlement plaisir de partir en Suisse avec ton père, surtout que cette fois-ci, tu n'as plus besoin de passer la douane en fraude et de faire du stop…
Marco l'air faussement en colère, lui envoya un coup de poing sur l'épaule:
– Eh! Laisse les mauvais souvenirs où ils sont tu veux?
– Tu sais, franchement je ne sais pas moi comment j'aurais réagi, à ta place…
– J'ai «pété les plombs» voilà tout…
Le bus arrivait; tous deux y montèrent et s'installèrent au fond.
Cela faisait maintenant plus d'un mois que son père était de retour, et pour Marco, un mois c'était en même temps très court et très long… Long parce que désormais son escapade en Suisse, l'accident avec Perle, tout cela semblait très loin, si loin; et très court parce que tout s'emballait comme dans un tourbillon…
Tant de bouleversements s'étaient produits depuis:

Tout d'abord la Darbo-Petroleum avait tenu sa promesse: son père était attendu pour prendre un poste de contremaître dès que sa santé le lui permettrait. Ça c'était la formule qui avait été trouvée pour lui accorder deux mois de congés-convalescance payés, jusqu'à la fin Février.
Mais ce qu'appréciait encore plus Marco, c'était le superbe logement de fonction dans lequel ils avaient emménagé depuis peu: un grand trois pièce, avec balcon, garage... Le super pied!
– Et Tina? Comment ça va depuis votre départ? Elle doit trouver la maison vide!
– Je ne te le fais pas dire... Surtout qu'en plus Robert n'est pas là de toute la semaine, depuis qu'il fait son stage de reconversion..
– Ah bon? Et il se reconverti dans quoi? Le brassage de la bière?
Marco sourit à l'ironie grinçante de son ami..
– Non, ça il connaît déjà, quoique il parait que depuis les fêtes il a levé le pied...c'est un stage d'électronicien je crois, d'après ce que Tina nous a dit, oh tu sais, moi, du moment que je ne le vois plus, je suis HEUREUX!
– Je te crois... Et c'est comment la vie à deux avec ton père?
– C'est super parce que plus personne ne me prend la tête, et qu'on s'entend bien, mais...
– Mais?
– Question bouffe!... La zone!... C'est simple hier on a fini au Mac Do parce qu'il a réussit à cramer la pizza surgelée qu'il avait achetée, et le jour avant j'ai du me gaver des crêpes que Tina nous avait laissées: quand j'ai goûté les pâtes, j'ai cru qu'il avait renversé toute la salière dedans. En plus il a dit que c'était pas vrai et il en a mangé toute une assiette, pas moi, je suis pas «maso»!
– Il est amoureux, c'est pour ça...
– Je ne sais pas si c'est pour ça, mais question d'être amoureux, alors là pas de doute!...
– Ça continue le courrier?
– Plus que jamais! Il lui écrit au moins trois fois par semaine, et attends pas trois lignes, hein, des romans je te dis! Encore heureux qu'ils aient

du mal à se joindre par téléphone, sinon je t'explique pas l'ardoise…
– A mon avis tu n'as que deux solutions: soit tu les fais se marier très vite, soit tu te mets à la tambouille…
Marco sourit:
– Je pense qu'il faudra que je prenne la deuxième solution, le mariage c'est pas pour demain… avec le boulot qu'elle fait, à courir comme ça d'un bout à l'autre du monde, papa il va falloir qu'il s'accroche pour la retenir…
– Elle est toujours en Roumanie?
– Oui, jusqu'à fin mars. Elle va venir en vacances deux semaines, et puis hop! Elle repart, pour l'Amérique du Sud, je crois…
– Eh bien, ton père il a pas fini de voir du pays!
– Surtout qu'elle a signé pour deux ans et qu'elle n'en a fait que six mois.
Le bus freina, c'était l'arrêt de Marco, un kilomètre avant celui où il descendait auparavant avec son ami.
– Bon, ciao! Et bonnes vacances!
– Ouais, et fait une caresse de ma part à Perle!
– Tu peux y compter!

❖

– Alors Fiston, content de retourner en Suisse?
– Oui, mais ça fait drôle.
Il y avait un beau soleil hivernal, qui faisait briller la neige sur les coteaux, le paysage défilait à vive allure. Flavio avait une conduite assez sportive et la voiture de Tina, qu'elle leur avait prêté pour la semaine, répondait bien. Ils roulaient au moins depuis trois heures et ne tarderaient plus à voir apparaître les belles forêts de sapins, et le petit miroir glacé du lac des Taillères…

– Tu ne dis pas grand chose, commenta Flavio, tout en allumant l'autoradio. Le jingle du journal retentit:
« Bonjour! Voici les principaux titres de l'actualité de ce samedi: tout d'abord des milliers de bombes sont encore tombées cette nuit sur Koweitcity et sa banlieue, l'opération *Tempête du désert* bat son plein, plusieurs *scuds* seraient tombés sur Jérusalem, mais sans faire de vic...»
Flavio tourna le bouton d'un geste un peu rageur. Devant le regard interrogateur de Marco il se justifia:
– On est en vacances, non? on va pas encore se farcir Saddam Hussein, le Koweit, les Américains et tutti quanti! J'ai déjà donné merci!
Marco sourit.
En fait, si il avait accepté avec joie l'invitation des Wieler de venir les rejoindre pour les congés de février, ce n'était pas seulement pour le plaisir de les revoir tous, ni même pour avoir la joie de voir Perle gambader à nouveau. Non, sa motivation principale était ailleurs... ancrée dans une petite phrase de papi Wieler, qui n'avait cessé de le poursuivre ..
Il se souvint avec chaleur, de ce moment particuliers, ou papi et lui avaient parlé de Dieu, de la vie, de pleins de choses, assis côte à côte, sur une simple botte de paille, près du box de Perle... lui avait dit: «Petit, depuis le jour où tu es né, Dieu n'a qu'une seule idée en tête: il faut que ce petit Marco sache combien je l'aime! Et non seulement il t'aime mais il a un projet pour ta vie!»
«Il a un projet pour ta vie» Qu'est-ce que cela pouvait bien vouloir dire? Dans la bouche de papi Wieler Dieu semblait si vivant, si présent... Est-ce que lui, Marco, pourrait vivre quelque chose de semblable? Connaître Dieu comme on connaît...un ami? Si oui, comment? Il lui fallait des réponses à toutes ces questions!

Durant l'absence de son père tout était tristement simple: il n'avait qu'une idée en tête, il fallait que son père revienne et tout serait bien. Maintenant il était là, tout allait bien, et pourtant plus rien n'était simple.

Malgré toute la joie, tout le bonheur que Marco éprouvait de vivre à nouveau à ses côtés, presque d'ailleurs pour la première fois depuis des années, Marco se sentait insatisfait...
Que se passerait-il demain? Et les mois après?
Son père et Typhaine allaient se marier, fonder un vrai foyer. Oh! il n'avait pas peur d'être mis de côté, mais lui, quels projets pouvait-il faire? quels objectifs avoir...Les études? Oui, sûrement, avoir un travail, gagner de l'argent, mais tout cela était tellement loin vague; mais là maintenant, que pouvait lui donner la vie de grand, de beau de fort?

«Dieu a un projet pour ta vie» c'était comme un leitmotiv qui revenait sans cesse... Il fallait que papi lui explique!

Quelques minutes plus tard, ils stoppaient, devant la ferme au toit toujours enneigé. De la remise jaillit Silver, qui comme à l'accoutumée ne se priva pas d'aboyer..
Aussitôt, de l'intérieur, retentit la grosse voix habituelle:
– Silver! Couché!
Marco soupira d'aise et au même moment, une drôle de chaleur envahit sa poitrine, la même que dans la forêt, quand perdu, il avait appelé Dieu au secours...

Alors tout à coup il en fut convaincu: il allait trouver les réponses à ses questions!

Chapitre XVII

De l'auteur, au lecteur…

Sais-tu que si tu as ce livre entre les mains ce n'est pas un hasard? T'es-tu jamais posé les mêmes questions que Marco? A quoi sert ma vie? Que se passera-t-il demain?
Dieu a les réponses à ces questions, et à beaucoup d'autres. Il connaît tout de ta vie: c'est lui qui t'a créé.
Qui que tu sois, je peux t'assurer d'une chose: Dieu n'est ni lointain ni indifférent, il t'aime profondément et veux te le faire savoir. Oui, toi qui lis ces lignes! Ta naissance n'est due ni au hasard, ni à un accident, ni même à la seule volonté de tes parents, mais bien prioritairement à la volonnté de Dieu.

Certes, l'histoire que tu viens de lire est une fiction. Jésus lui-même, lorsqu'il était sur la terre aimait raconter des paraboles pour expliquer à ceux qui le suivaient, les choses de la vie… Sans pouvoir me comparer à lui, j'ai toutefois essayé de l'imiter en t'offrant ce récit, qui parle de joie, de peine, de certitude et d'incertitude… pour t'inviter, toi aussi, si tu le veux à trouver les réponses que Jésus apporte:
A ceux qui désiraient connaître Dieu, il a dit: «Je suis le chemin, la vérité et la vie, nul ne vient au Père que par moi». Si tu acceptes de croire à l'existence de ce Dieu d'amour, alors la conviction de sa présence va venir dans ton cœur, et ta vie va changer, parce que ton cœur sera transformé par la présence de Dieu.
«Car Dieu a tant aimé le monde,(tous les hommes) qu'il a donné son fils, afin que quiconque (toi!) croit en lui ne meurt pas, mais qu'il ait la Vie Eternelle».

Aujourd'hui, quelque chose d'extraordinaire peut se produire dans ta vie: tu peux laisser Dieu se faire connaître à ton cœur! Pour cela il te suffit de le lui demander. Tout comme Marco l'a appelé au secours dans la forêt, toi aussi dans les situations que tu vis, tu peux lui demander de t'aider, de te montrer son amour!
Demande-lui tout simplement de te montrer qu'il existe, qu'il se soucie de toi, d'une manière précise et personnelle! Il veut le faire, parce que tu es pour lui comme une pierre précieuse, comme un trésor unique! Dieu ne te voit pas comme toi tu te vois; pour lui tu es important il désire énormément qu'une relation naisse entre vous deux, entre toi, et lui...

Mais Dieu n'est pas quelqu'un qui s'impose, il te propose seulement de remplir ta vie de son amour, de te pardonner toutes les choses mauvaises que tu as faites, petites ou grandes...visibles ou cachées. Lui connaît tout; il te propose aussi de venir consoler ton cœur, de toutes les blessures que peut-être la vie y a faites...Il veut te faire comprendre sa volonté qui est bonne et agréable comme le dit la Bible, devenir ton meilleur ami, celui à qui tu peux tout raconter, et qui peut tout comprendre...Il veut faire tout cela pour toi et tant d'autres choses que j'ignore, et toi aussi...
Mais tu es libre, si cela ne t'intéresse pas, tu peux fermer ce livre...et t'en aller...
Quoi qu'il en soit, laisse moi te dire encore une dernière fois cette vérité éternelle:

Dieu t'aime, et il t'aimera toujours,

quoi que tu fasses!

Table des matières

Autres titres parus aux Editions Sénevé:

Richard Wurmbrand	Mes prisons avec Dieu
	L'Eglise du Silence torturée pour le Christ
	De la bouche des enfants
	Pourquoi suis-je un révolutionnaire?
	Si j'avais 3 minutes
	Jésus et les terroristes
	Rue des juifs
	Plus que Vainqueurs!
Sabina Wurmbrand	La femme du pasteur
Wang-Ming tao	Façonné par la main du Maître
Esther Mariebe	Le Rendez-vous de Farah
Laszlo Tökes	Avec Dieu, pour le peuple
Siemens et Poplawkin	Bergers dans la tourmente
Tom White	Les fauves ne dorment jamais
Kim Hyun Hee	Dans la fosse aux tigres
Marian Hostetler	Ils ont aimé leurs ennemis

Dossiers Sénevé

Colt Vuvu	Nr. 1	Un regard sur l'islam
P. Newton et M. Rafiqul Haqq	Nr. 2	La tolérance dans l'islam
M. N. Anderson	Nr. 3	Fier d'être musulman
P. Newton et M. Rafiqul Haqq	Nr. 4	La place de la femme dans l'islam
P. Newton et M. Rafiqul Haqq	Nr. 5	Allah est-il Dieu?

En plus de ces titres, les Editions Sénevé/AEM diffusent également de nombreux autres ouvrages en différentes langues ainsi que des productions audiovisuelles. Renseignements sur demande: Editions Sénevé, Case postale 50, CH-3608 Thoune.

Les Editions Sénevé et l'AEM

Fondation de l'Aide aux Eglises Martyres (AEM) pour l'édition en langue française, les Editions Sénevé ont pour vocation de transmettre le message des chrétiens persécutés et d'éditer et diffuser de la littérature chrétienne dans tous les pays d'expression francophone. Elles veillent à s'identifier en celà à la charte de l'AEM dont nous vous donnons un bref historique ci-après.

Fondée il y a plus de 25 ans, l'Aide aux Eglises Martyres (AEM) constitue la suite logique à l'action entreprise, bien avant son emprisonnement déjà, par le pasteur Richard Wurmbrand qui en est le Président fondateur. Oeuvre interconfessionnelle de secours et de soutien en faveur des chrétiens opprimés ou désavantagés, elle se charge également d'apporter la Bonne Nouvelle de l'Evangile dans les pays communistes et ex-communistes. Par la production et la diffusion de littérature chrétienne, de films vidéo ou d'émissions radio, elle informe et prend la défense de ceux qui sont sous le joug à cause de leur foi.

L'AEM dirige des secours matériels aux martyrs et à leurs familles, contribue à la formation de pasteurs et à l'implantation d'imprimeries dans des pays où la littérature chrétienne n'est pas ou difficilement exportable. Actuellement, 24 heures sur 24 et sur les 5 continents, l'AEM est active dans quelque 50 pays.

Par ses services de presse et de relation publique à l'Ouest, l'AEM se veut être le porte parole de ceux qui ne peuvent s'exprimer, victimes de violence, dictature ou oppressions de toutes sortes. Son bulletin mensuel *La Voix des Martyrs* est imprimé en une multitude de langues et distribué dans le monde entier.

Pour toute information complémentaire concernant ce livre, l'œuvre du pasteur Wurmbrand ou une documentation sur l'AEM, ses activités et publications, vous pouvez vous adresser à:

Aide aux Eglises Martyres (AEM)
Case postale 50
CH - 3608 Thoune/Suisse